Lassy Mbouity

Histoire de la République du Tchad

2

Lassy Mbouity, né le 15 octobre 1988 à Brazzaville, est un écrivain et homme politique congolais. Il est actuellement un organisateur de communauté en Afrique, en Europe et aux États-Unis.

Du même auteur

Histoire de la République du Congo

Histoire de la République démocratique du Congo

Histoire de la République centrafricaine

Histoire de la République gabonaise

Histoire de la République de Côte d'Ivoire

Histoire de la République de Guinée

Histoire de la République du Mali

Histoire de la République du Sénégal

Histoire de la République de Madagascar

Histoire de l'Afrique

Autonomisation politique de la jeunesse africaine

La lutte contre la corruption et les conflits d'intérêts

4

Révolution de l'éducation africaine

L'Afrique après l'Asie

Table des Matières

Introduction

Préhistoire

Époque des Empires

Royaume du Kanem-Bornou

Étymologie

Théories sur l'origine de Kanem

Fondation par les immigrants

Fondation

Islamisation (1068)

Fondation de la nouvelle capitale Njimi

Expansion à Bornou

Changement de la cour Sayfuwa de Kanem à Bornou

Déclin de l'empire Bornou

Rois du Kanem-Bornou

Royaume du Baguirmi ou Sultanat de Baguirmi

La langue Baguirmi

Organisation politique et administrative

Le Mbang

La famille royale

Liste des souverains du Baguirmi

Dynastie Kenga

Dynastie Zobeir

Dynastie Kenga (restaurée)

Royaume du Ouaddaï ou Ouadaï

Origines

Expansion

Déclins

La guerre de Ouadaï

Liste des souverains de Ouadaï

Colonialisme (1900-1940)

Conquête française

Administration coloniale

Félix Eboué

Assemblée territoriale sous la France

Politique locale

Une plus grande autonomie

Décolonisation

Fédération française et indépendance totale

Le gouvernement de Tombalbaye

Rébellion au Tchad

Chute du régime

Le pouvoir militaire (1975-1978)

Tchad sous Félix Malloum

Politiques économiques

Contrôle politique et opposition

Relations extérieures et dissension croissante

Lutte du pouvoir entre Goukouni et Habré

Guerre civile (1979-1982)

Gouvernement d'unité nationale et de transition

Guerre civile et tentatives de médiation

Goukouni devient chef du GUNT

Intervention libyenne

Conflit tchado-libyen

Occupation de la bande d'Aouzou

Expansion de l'insurrection

Retrait libyen

Habré prend N'Djamena

Offensive du GUNT

Intervention française

Retrait français

Nouvelle intervention française

Guerre de Tibesti

Guerre des Toyota

Conséquences

Habré renverse Goukouni

L'ère Habré (1982-1990)

L'ère Déby

Élections multipartites

Guerre à l'Est

Guerre civile tchadienne (2005-2010)

Causes

Résultat

Les belligérants

Les grandes batailles

Première bataille de N'Djaména

Deuxième bataille de N'Djaména

Bataille d'Am Dam

Contrôle de Tissi

Processus de paix

Retrait de l'Organisation des Nations Unies

Harmonie entre le Tchad et le Soudan

Scandale international de L'Arche de Zoé

Attaque rebelle contre N'Djamena (2008)

Bataille de N'Djamena (2008)

L'avancement des rebelles vers N'Djamena

Les victimes et les réfugiés

Arrestations de dirigeants de l'opposition

Participation française

Idriss Déby

Tchad : Géographie, climat et environnement

Données démographiques

Groupes ethniques

Liste des groupes ethniques

Langues

Religion

Gouvernement et politique

Système juridique

Parlement

Les partis politiques

L'opposition interne et les relations extérieures

Corruption

Divisions administratives

Forces armées du Tchad

Groupes rebelles du Tchad

- Droits de l'homme au Tchad
- Économie du Tchad
- Infrastructure
- Transport
- Le secteur énergétique du Tchad
- Télécommunications
- Médias du Tchad
- Éducation
- Culture
- Musique
- Cuisine tchadienne
- Littérature
- Industrie cinématographique tchadienne
- Sport au Tchad

12

Introduction

La République du Tchad est un pays d'Afrique centrale sans littoral et limité par la Libye au nord, le Soudan à l'est, la République centrafricaine au sud, le Cameroun et le Nigeria au sud-ouest et le Niger à l'ouest.

C'est le cinquième pays d'Afrique en termes de superficie.

Le Tchad a plusieurs régions: une zone désertique au nord, une ceinture sahélienne aride au centre et une zone de savane soudanienne plus fertile au sud.

Le lac Tchad, qui a donné son nom au pays, est la plus grande zone humide au Tchad et la deuxième plus grande en Afrique.

La capitale N'Djamena est la plus grande ville.

Les langues officielles du Tchad sont l'arabe et le français. Le Tchad abrite plus de 200 groupes ethniques et linguistiques différents.

Les religions du Tchad sont l'islam (55%), suivi du christianisme (40%).

À partir du VIIe millénaire avant notre ère, les populations humaines se sont déplacées dans le bassin tchadien en grand nombre.

À la fin du 1er millénaire avant Jésus-Christ (J-C), une série d'États et d'empires s'étaient levés et abattus dans la bande sahélienne du Tchad, chacun se concentrant sur le contrôle des routes commerciales transsahariennes qui traversaient la région.

La France a conquis le territoire en 1920 et l'a intégré à l'Afrique équatoriale française (AEF). En 1960, le Tchad obtient l'indépendance sous la direction de François Tombalbaye.

Le ressentiment envers sa politique dans le nord musulman a culminé dans l'éruption d'une guerre civile durable en 1965.

En 1979, les rebelles ont conquis la capitale et ont mis fin à l'hégémonie du sud.

Cependant, les commandants rebelles se sont battus entre eux jusqu'à ce que Hissène Habré ait vaincu ses rivaux.

Il a été renversé en 1990 par son général Idriss Déby.

Depuis 2003, la crise du Darfour au Soudan a déversé la frontière et déstabilisé la nation, avec des centaines de milliers de réfugiés soudanais vivant autour des camps dans l'est du Tchad.

Des taux élevés de natalité insoutenable et un manque d'agriculture laissent le pays persister dans la pauvreté.

Alors que de nombreux partis politiques sont actifs, le pouvoir est fermement entre les mains du Président Déby et de son parti politique, le Mouvement Patriotique du Salut (MPS).

Le Tchad est toujours en proie à la violence politique et aux coups d'État récurrents.

Le Tchad est l'un des pays les plus pauvres et les plus corrompus du monde; la plupart des habitants vivent dans la pauvreté en tant que bergers et agriculteurs.

Depuis 2003, le pétrole brut est devenu la principale source de revenus d'exportation du pays, remplaçant l'industrie traditionnelle du coton.

16

La République du Tchad, est un pays enclavé à cause de sa distance de la mer et de son climat en grande partie désertique.

Préhistoire

Le territoire maintenant connu sous le nom de Tchad possède certains des sites archéologiques les plus riches en Afrique.

Un crâne d'hominidés a été retrouvé par Michel Brunet en 2002, à Borkou, qui a plus de 7 millions d'années, le plus ancien découvert n'importe où dans le monde; on lui a donné le nom de Sahelanthropus tchadensis.

Au cours du VIIe millénaire avant J-C, la moitié nord du Tchad faisait partie d'une vaste étendue de terre, s'étendant de l'Indus à l'est jusqu'à l'Océan Atlantique à l'ouest, où les conditions écologiques favorisaient les premières colonies humaines.

Beaucoup d'objets à Ennedi remontent plus loin que les autres zones de la Vallée du Nil.

Dans la période préhistorique, le Tchad était beaucoup plus humide qu'il ne l'est aujourd'hui, comme en témoignent les grands animaux de chasse représentés dans les peintures rupestres dans les régions du Tibesti et du Borkou.

Des recherches linguistiques récentes suggèrent que tous les grands groupes linguistiques d'Afrique au sud du désert du Sahara (à l'exception de Khoisan, qui n'est pas considéré comme un groupe génétique valable de toute façon), sont né à l'époque préhistorique entre le lac Tchad et la vallée du Nil.

Les origines des peuples tchadiens restent néanmoins vagues. Plusieurs des sites archéologiques éprouvés n'ont été que partiellement étudiés et d'autres sites de grand potentiel n'ont pas encore été cartographiés.

Époque des Empires

Vers la fin du 1er millénaire, la formation des états a commencé à travers le centre du Tchad, dans la zone sahélienne entre le désert et la savane.

Pendant près de mille ans, ces États, leurs relations réciproques et leurs effets sur les peuples qui vivaient dans des sociétés apatrides le long de leurs périphéries, domineront l'histoire politique du Tchad.

Des recherches récentes suggèrent que les autochtones africains ont fondé la plupart de ces États, et non pas des groupes arabophones émigrants, comme on le croyait auparavant.

Néanmoins, les immigrants, arabophones ou non, ont joué un rôle important, avec l'islam, dans la formation et l'évolution précoce de ces États.

La plupart des États ont commencé comme des royaumes, dans lesquels le roi a été considéré comme divin et doté de pouvoirs temporels et spirituels.

Tous les états étaient militaristes (ou ils n'ont pas survécu longtemps), mais aucun n'a été capable de s'étendre loin dans le sud du Tchad, où les forêts et la mouche tsé-tsé ont compliqué l'utilisation de la cavalerie.

Le contrôle des routes commerciales transsahariennes qui traversaient la région formait la base économique de ces royaumes.

Bien que de nombreux États aient augmenté, les plus importants et les plus durables des empires étaient le Kanem-Bornou, le Baguirmi et le Ouaddaï.

Royaume du Kanem-Bornou

Le Royaume du Kanem-Bornou était un empire qui a existé dans ce qui est aujourd'hui le Tchad et le Nigéria. Kanem-Bornou était connu des géographes arabes comme l'empire Kanem à partir du IXe siècle après JC jusqu'en 1900.

Au sommet de sa gloire le royaume englobait une zone couvrant non seulement une grande partie du Tchad, mais aussi des parties du sud de la Libye moderne, l'est du Niger, le nord-est du Nigeria et le nord du Cameroun.

Étymologie

Kanem signifiant en kanuri «pays du sud», le mot est formé du préfixe «k» qui annonce un substantif et de l'étymon anem qui signifie «sud».

Les kanembou sont les «peuples du sud», par opposition aux toubou, c'est-à-dire les «peuples de la montagne».

Théories sur l'origine de Kanem

Kanem était situé à l'extrémité sud de la route commerciale transsaharienne entre Tripoli et la région du lac Tchad. Outre son élite urbaine, elle comprenait une confédération de peuples nomades qui parlaient les langues du groupe Teda-Daza (Toubou).

Fondation par les immigrants

Les origines de l'Empire Kanem sont très peu claires. Certaines recherches tentent de relier la création de Kanem-Bornu avec l'exode de l'empire assyrien en 600, au nord-est du lac Tchad.

Fondation

L'empire du Kanem a commencé à se former vers 700 après J-C sous les Kanembou.

Les Kanembou étaient forcés vers les terres fertiles du sud-ouest autour du lac Tchad par la pression politique et la dessiccation.

La région possédait déjà des villes-états indépendants, fortifiés appartenant à la culture Sao.

Sous la direction de la dynastie des Dougouwa, le Kanembou finira par dominer le Sao, mais pas avant d'adopter un grand nombre de leurs coutumes.

La guerre entre les deux s'est poursuivie jusqu'à la fin du XVIe siècle.

Islamisation (1068)

Le principal facteur qui a influencé l'histoire ultérieure de l'état de Kanem a été la pénétration précoce de l'islam. Les commerçants nord-africains, berbères et arabes, ont apporté la nouvelle religion.

Vers 1068, Hoummaye, un membre de l'establishment de Sayfawa ou Sefuwa, qui était déjà un musulman, a écarté le dernier Roi

Dougouwa Selma du pouvoir et a ainsi établi la nouvelle dynastie des Sayfawa ou Sefuwa.

L'islam a offert aux dirigeants de Sayfawa l'avantage des nouvelles idées d'Arabie et du monde méditerranéen, ainsi que l'alphabétisation dans l'administration.

Mais beaucoup de gens ont résisté à la nouvelle religion favorisant les croyances et les pratiques traditionnelles.

Quand Hoummaye avait pris le pouvoir sur la base de son fort suivi islamique, Dougouwa et Kanembou ont commencé une sorte d'opposition interne.

Ce modèle de conflit et de compromis avec l'Islam s'est répété à plusieurs reprises dans l'histoire tchadienne.

Fondation de la nouvelle capitale Njimi

Quand la dynastie régnante a changé, l'établissement royal a abandonné sa capitale de Manan et s'est installé dans la nouvelle capitale Njimi plus au sud de Kanem. Au XIIIe siècle, la puissance de Kanem s'est développée. Dans le même temps, le peuple Kanembou s'est rapproché des nouveaux dirigeants et a augmenté la population croissante de la nouvelle capitale Njimi.

Même si le Kanembou est devenu la principale base du pouvoir des Sayfuwa, les dirigeants du Kanem ont continué à voyager fréquemment dans tout le royaume et surtout vers Bornou, à l'ouest du lac Tchad.

Les éleveurs et les fermiers reconnaissaient le pouvoir du gouvernement et reconnaissaient leur allégeance en rendant hommage.

Expansion à Bornou

L'expansion de Kanem a culminé pendant le règne long et énergique de Mai Dounama Dabbalemi (vers 1203-1242) de la dynastie de Sayfawa.

Dabbalemi a initié des échanges diplomatiques avec les sultans d'Afrique du Nord et a apparemment prévu la création d'une auberge spéciale au Caire pour faciliter les pèlerinages à La Mecque.

Pendant son règne, il a déclaré le djihad contre les tribus environnantes et a initié une longue période de conquête.

Après avoir consolidé son territoire autour du lac Tchad, la région du Fezzan (Libye actuelle) est tombée sous l'autorité de Kanem et l'influence de l'empire s'est étendue vers l'ouest à Kano (au Nigéria actuel) et Bornou, à l'est jusqu'à Ouaddaï et vers le sud, dans l'Adamawa (actuel Cameroun).

La représentation de ces frontières sur des cartes peut cependant être trompeuse, car le degré de contrôle s'étendait dans des gradations toujours plus faibles du noyau de l'empire autour de Njimi jusqu'aux périphéries éloignées, dont l'allégeance et l'hommage n'étaient généralement que symboliques.

De plus, les lignes cartographiques sont statiques et dénaturent la mobilité inhérente au nomadisme et à la migration, qui étaient monnaie courante.

La loyauté des peuples et de leurs dirigeants était plus importante dans la gouvernance que le contrôle physique du territoire.

Dabbalemi a conçu un système pour récompenser les commandants militaires avec autorité sur les personnes qu'ils ont conquis.

Ce système, cependant, a tenté les officiers militaires de passer leurs positions à leurs fils, transformant ainsi la loyauté basée sur la noblesse héréditaire.

Dabbalemi était capable de supprimer cette tendance, mais après sa mort, la dissension entre ses fils a affaibli la dynastie Sayfawa.

Les querelles dynastiques dégénèrent en guerre civile, et les peuples périphériques de Kanem cessent bientôt de rendre hommage au royaume.

Changement de la cour Sayfuwa de Kanem à Bornou

À la fin du XIVe siècle, les luttes internes et les attaques extérieures avaient déchiré Kanem. Entre 1359 et 1383, sept rois ont régné, mais les envahisseurs de Boulala (la région autour du lac Fitri à l'est) ont tué cinq d'entre eux.

Cette prolifération de plus a abouti à de nombreux prétendants au trône et a conduit à une série de guerres intestines.

Enfin, vers 1380, les Boulala forcent Mai Umar Idrismi à abandonner Njimi et à déplacer le peuple Kanembou à Bornu sur le bord occidental du lac Tchad.

Au fil du temps, les mariages entre les peuples Kanembou et Bornou ont créé un nouveau peuple et une nouvelle langue, les Kanouri.

Mais même à Bornou, les troubles de la dynastie Sayfawa persistaient. Pendant les trois premiers quarts du XVe siècle, par exemple, quinze rois occupèrent le trône.

Autour de 1460, Mai Ali Dunamami a vaincu ses rivaux et commencé la consolidation de Bornu. Il a construit une capitale fortifiée à Ngazargamou, à l'ouest du lac Tchad (dans le Niger actuel).

Le rajeunissement Sayfawa a connu un tel succès qu'au début du XVIe siècle, Mai Idris

Katakarmabe (1487-1509) a réussi à vaincre Boulala et reprendre Njimi, l'ancienne capitale.

Les dirigeants de l'empire, cependant, sont restés à Ngazargamou parce que les terres étaient plus productives en agriculture et mieux adaptées à l'élevage de bétail.

Kanem-Bornou a culminé sous le règne de l'homme d'état remarquable Mai Idris Alaoma (vers 1564-1596).

Alaoma est rappelé pour ses compétences militaires, ses réformes administratives et la piété islamique.

Ses principaux adversaires étaient les Haoussa à l'ouest, les Touareg et Toubou au nord, et les Boulala à l'est.

Un poème épique exalte ses victoires en 330 avec plus de 1000 batailles. Ses innovations comprenaient l'emploi de camps militaires fixes (avec des murs); des sièges permanents et des tactiques de "terre brûlée", où les soldats brûlaient tout sur leur passage; Chevaux blindés et cavaliers; et l'utilisation de camélias berbères, de bateliers de Kotoko et de mousquetaires à barre de fer, formés par des conseillers militaires turcs.

Ses relations diplomatiques étaient bonnes avec Tripoli, l'Egypte, et l'Empire ottoman, qui a envoyé des ambassadeurs à la cour d'Alaoma à Ngazargamou. Alaoma a également signé ce qui fut probablement le premier traité écrit de l'histoire tchadienne.

Alaoma a introduit un certain nombre de réformes juridiques et administratives basées sur ses croyances religieuses et la loi islamique (charia).

Il a parrainé la construction de nombreuses mosquées et a fait un pèlerinage à la Mecque, où il avait construit une auberge pour les pèlerins de son empire.

Comme avec d'autres politiciens dynamiques, les buts réformistes d'Alaoma l'ont amené à rechercher des conseillers et des alliés loyaux et compétents, et il s'est souvent appuyé sur des esclaves qui avaient été éduqués par des familles nobles.

Alaoma consultait régulièrement les conseils composés de chefs des clans les plus importants.

Il a exigé que les personnalités politiques importantes vivent à la cour et a renforcé les alliances politiques par des mariages appropriés (Aloama lui-même était le fils d'un homme Kanuri et d'une femme de Boulala).

Kanem-Bornou sous Alaoma était fort et riche. Les revenus du gouvernement provenaient des impôts, des ventes d'esclaves et des droits du commerce transsaharien.

Contrairement à l'Afrique de l'Ouest, la région tchadienne n'avait pas d'or. Pourtant, elle était au cœur de l'une des routes transsahariennes les plus commodes. Entre le lac Tchad et le Fezzan se trouvait une succession de puits et d'oasis bien espacés, et du Fezzan, il y avait des liaisons faciles vers l'Afrique du Nord et la mer Méditerranée.

Beaucoup de produits ont été envoyés au nord, y compris le natron (carbonate de sodium), le coton, les noix de kola, l'ivoire, les plumes d'autruche, le parfum, la cire et les peaux, mais les plus importants étaient les esclaves.

Les importations comprenaient le sel, les chevaux, la soie, le verre, les mousquets et le cuivre.

Alaoma s'intéresse vivement au commerce et à d'autres questions économiques. Il est crédité d'avoir les routes dégagées, de concevoir de meilleurs bateaux pour le lac Tchad, d'introduire des unités de mesure standard pour le grain et de déplacer les agriculteurs vers de nouvelles terres.

En outre, il a amélioré la facilité et la sécurité du transit à travers l'empire dans le but de le rendre si puissant.

Déclin de l'empire Bornou

Les réformes administratives et l'éclat militaire d'Alaoma ont soutenu l'empire jusqu'au milieu du XVIIe siècle, quand sa puissance a commencé à diminuer.

À la fin du XVIIIe siècle, la domination de Bornu s'étendait seulement vers l'ouest, sur la terre des Haoussa.

Vers cette époque, les Foulani (Peul), envahissant de l'ouest, ont pu faire des incursions majeures dans Bornou. Au début du XIXe siècle, Kanem-Bornou était clairement un empire en déclin, et en 1808 les guerriers Foulani ont conquis Ngazargamou.

Ousman dan Fodio a mené la poussée Foulani et proclamé un jihad (guerre sainte) sur les musulmans irréligieux de la région.

Sa campagne a finalement affecté Kanem-Bornou et a inspiré une tendance vers l'orthodoxie islamique.

Mais Mohammed al-Amin al-Kanemi a contesté l'avance des Foulani. Kanem était un savant musulman et un seigneur de guerre non-Sayfawa qui avait mis en place une alliance d'Arabes Shouwa, de Kanembou et d'autres peuples semi-nomades. Il a finalement construit en 1814 une capitale à Kukawa (dans le Nigeria actuel).

En 1846, le dernier chef et les membres de la tribu Ouaddaï ont précipité une guerre civile.

C'est à ce moment que le fils de Kanem, Oumar, devint roi, mettant ainsi fin à l'un des plus longs règnes dynastiques de l'histoire régionale.

Bien que la dynastie soit morte, le royaume de Kanem-Bornou a survécu.

Mais Omar, qui a évité le titre roi pour la désignation plus simple de Shehou, ne pouvait pas égaler la vitalité de son père et a peu à peu permis au royaume d'être gouverné par des conseillers (wazirs).

Bornou a commencé son déclin à la suite de la désorganisation administrative, du tribalisme, du régionalisme et des attaques de l'empire Ouaddaï à l'est.

Le déclin a continué sous les fils d'Omar, et en 1893, Rabih az-Zubayr, menant une armée envahissante de l'est du Soudan, a conquis Bornou. Il a été vaincu par les soldats français en 1900.

Rois du Kanem-Bornou

La période historique commence avec le roi Oumé ibn Selma vers 1085.

Sa dynastie perdure jusqu'en 1846 quand Ali V ibn Ibrahim est détrôné par un chef Kanémin qui se proclame roi sous le nom de Omar IV ibn Mohammed el-Kanémi (1835-1880).

1086-1098 : Oumé ibn Selma

1098-1151 : Doumana Ier ibn Oumé

1151-1177 : Biri ibn Doumana

1177-1194 : Abd Allah Ier Ibn Birokou ibn Biri

1194-1221 : Abd el Djelil Selma Ier Ibn Biroku ibn Biri

1221-1259 : Dounama II Dibalami ibn Selma

1259-1288 : Kadé Ier Abd elKadim ibn Dounama

1288-1307 : Biri II ibn Dounama

1307-1326 : Ibrahim Ier Dirko Kelem

1326-1345 : Abd Allah II Aboulinhi ibn Kadé

1345-1350 : Selma II ibn Abdallah

1350-1352 : Kouré Ier Gana Ibn Abdallah

1352-1352 : Kouré II Koura Ibn Abdallah

1352-1353 : Mohammed Ieribn Abdallah

1353-1376 : Idriss Ier ibn Ibrahim

1376-1387 : Da'ud Ier ibn Ibrahim

1387-1391 : Othman Ier Ibn Da'ud,

1391-1392 : Othman II ibn idri

1392-1393 : Aboubekr Ier Liyatou Ibn Da'ud

1393-1398 : Omar Ieribn Idri

1398-1399 : Said usurpateur

1399-1400 : Kadé II Alounur ibn Idris

1400-1432 : Othman-Biri III ibn idris

1432-1432 : Othman III Kaimouva ibn Da'ud

1433-1435 : Dounama III ibn Omar

1435-1442 ; Abd Allah III Dakumuni ibn Omar

1442-1450 : Ibrahim II ibn Othman

1450-1451 : Kadé III ibn Othman

1451-1455 : Dounama IV Ahmed ibn Biri

1456-1456 : Mohammed II

1456-1456 : Amarna bin Aïsha ibn Othman

1456-1456 : Mohammed III ibn Kadé

1456-1461 : Ghazi

1461-1466 : Othman IV ibn Kadé

1467-1471 : Mohammed IV ibn Mohammed

1472-1504 : Ali Ier Ghazi ibn Ahmed Dounama ibn Othman

1504-1526 : Idris II Katakarmabi ibn Ali

1526-1454 : Mohammed V ibn Idris

1545-1546 : Ali II ibn Idis

1546-1564 : Dounama V Rhamarani ibn Mohammed

1564-1571 : Abd Allah IV ibn Dounama

1571-1603 : Idris III Alaoma ibn Ali

1603-1618 : Mohammed VI Baikiolnan ibn Idris

1618-1625 : Ibrahim IV ibn Idris

1625-1645 : Nad-Omar III ibn Idris

1648-1685 : Ali III ibn Omar

1685-1704 : Idris IV ibn Ali

1704-1723 : Dounama VI ibn Ali

1723-1737 : Hamdun ibn Dounama

1737-1751 : Mohammed VII Erghama ibn Hamdun

1752-1755 : Dounama VII Ghana ibn Mohammed

1755-1793 : Ali IV ibn Dounama

1793-1810 : Ahmed ibn Ali

1810-1817 : Dounama VIII ibn Ahmed

1817-1846 : Ibrahim V ibn Ahmed

1846-1846 : Ali V ibn Ibrahim

Dynastie El-Kanémi

1814-1835 : Mohammed El-Kanémi ;

1835-1853 : Omar IV ibn Mohammed ;

1853-1854 : Abd er Rhaman ibn Mohammed ;

1854-1880 : Omar IV ibn Mohammed rétabli ;

1880-1884 : Bukar ibn Omar ;

1884-1885 : Ibrahim Ibn Omar

1885-1893 : Hachem ibn Omar

1893-1900 : Rabah usurpateur ;

Dynastie El-Kanémi rétablie à Kukawa:

1902-1922 : Ali ibn Ibrahim Bukarmi Jarbay

1922-1937 : Omar II ibn Ibrahim Bukarmi

à Dikwa:

1901-1901 : Omar ibn Ibrahim Bukarmi ;

1901-1902 : Ali ibn Ibrahim Bukarmi Jarbay

1902-1902 : Mustafa Gumsumi

1902-1905 : Omar ibn Abi Bakr (1e règne)

1904-1905 : Aba Sanusi (in rebellion)

1905-1906 : Ibrahim ibn Abi Bakr

1906-1917 : Omar ibn Abi Bakr (2e fois)

1917-1937 : Omar ibn Muhammad al-Amin Kiyari

Bornou réunifié :

1937- janvier 1968 : Omar III ibn Muhammad al-Amin Kiyari

mars 1968 - septembre 1974 : Omar IV ibn Abi Bakr Jarbay

septembre 1974 - 20 février 2009 : Mustafa ibn Omar Kiyari Amin

4 mars 2009 - : Abba Kyari Omar Garbai

Royaume du Baguirmi ou Sultanat de Baguirmi

Le sultanat ou le royaume de Baguirmi ou Baguermi était un royaume et un sultanat islamique au sud-est du lac Tchad en Afrique centrale entre 1522 et 1897.

La plupart du temps, Baguirmi a émergé au sud-est de l'empire de Kanem-Bornou sous Mbang Birni Besse.

Son état a été subjugué par l'empire Bornou à la fin de son règne, mais a continué comme un affluent partiellement indépendant.

Les Baguirmi ont apporté une tradition qui a émigré à l'est et soutenu la ressemblance de la langue des tribus du Nil Blanc.

Le quatrième roi, Abdoullah (1568-1608), a adopté l'Islam et converti l'état en un sultanat, permettant au royaume d'étendre son autorité sur beaucoup de tribus païennes de la région, y compris les Saras, Gaberi, Somrai, Goulla, Ndouka, Nouba et Sokoro.

Lui et ses successeurs ont continué à utiliser le titre "Mbang" à côté de celui de "Sultan".

Un palais et une cour ont été finalement construits dans la capitale Baguirmi Massenya.

Le fleuve Chari formait la limite ouest du royaume, la plus grande partie de son intérieur étant arrosée par ses affluents.

Baguirmi a également été continuellement en proie à la sécheresse, à la peste et à l'assaut des esclaves à l'interne et à l'externe.

Les musulmans Baguirmi dominaient sur les tribus païennes et le commerce avec Bornou a été effectué par caravane le long d'une route qui s'étendait au nord à travers le Sahara jusqu'à Tripoli sur la côte libyenne.

La politique de Baguirmi était basée sur la force de sa religion par rapport à ses plus grands voisins.

Absorbé dans Kanem-Bornou pendant le règne d'Idris Alaoma, Baguirmi s'est libéré plus tard.

Pendant les périodes de force, le sultanat devint impérialiste. Il a établi le contrôle sur les petits royaumes féodaux sur ses périphéries et conclu des alliances avec les peuples nomades voisins.

Baguirmi tombé est menacé par le Sultanat de Ouadaï au début du XIXe siècle.

Il a été finalement annexé en 1871 et devenu sous l'influence européenne à la suite des visites de Dixon Denham (1823), Heinrich Barth (1852), Gustav Nachtigal (1872) et Matteucci et Massari (1881).

Quand les forces de Rabih az-Zubayr ont brûlé Massenya en 1893, le 25ème sultan, Abd ar Rahman Gaourang, a déplacé son gouvernement à Chekna.

Rabih a tué Paul Crampel, le chef de la première expédition française à travers la région mais Emile Gentil a assuré un protectorat sur Baguirmi en 1897.

Les ambitions françaises au Soudan ont été bloquées à la suite de la crise de Fachoda l'année suivante et leur autorité sur le Baguirmi lui-même n'a pas été totalisé avant la mort de Rabih et ses fils en 1901.

Les villes ont grandi autour de Fort Lamy et Chari.

La population du district était estimée à 100 000 habitants en 1903 et, au moment de la Première Guerre mondiale, la majeure partie de son commerce était menée avec Khartoum au Soudan par l'empire Ouadaï et Yola au Nigeria.

La langue Baguirmi

La langue Baguirmi est encore parlée aujourd'hui, principalement dans la région de Chari-Baguirmi.

L'empire existe maintenant comme une entité informelle dans le département de Baguirmi, avec sa capitale à Massenya.

Ses dirigeants continuent à porter le titre de "Mbang".

Organisation politique et administrative

Le Mbang

Le roi du Baguirmi porte le titre de Mbang. Du fait de l'islamisation, on parle également de Sultan.

La famille royale

la mère du Mbang : la Magira

les épouses du Mbang

les fils du Mbang

les filles du Mbang

Liste des souverains du Baguirmi

1480 : Fondation de l'État du Baguirmi

Dynastie Kenga

de 1522 à 1536   Birni Besse Mbang

de 1536 à 1548   Loubatko Mbang

de 1548 à 1568	Malo Mbang
de 1568 à 1608	Abdallah Mbang
de 1608 à 1625	Oumar
de 1625 à 1635	Dalai Mbang
de 1635 à 1665	Bourkomanda I Mbang
de 1665 à 1674	Abdoul Rahman I Mbang
de 1674 à 1680	Dalo Birni, Mbang
de 1680 à 1707	Abdoul Qadir I Mbang
de 1707 à 1722	Bar Mbang
de 1722 à 1736	Wandja Mbang
de 1736 à 1741	Bourkomanda II Tad Lele Mbang
de 1741 à 1751	Loel Mbang
de 1751 à 1785	Hajji Mohammed I al'Amin Mbang
de 1785 à 1806	Abd ar-Rahman Gawrang Mbang
de 1806 à 1806	Malam Ngarmaba Bira Mbang

de 1806 à 1807	Othman Burkomanda III al-Kabir Mbang
de 1807 à 1807	Malam Ngarmaba Bira Mbang
de 1807 à 1807	Othman Burkomanda III al-Kabir Mbang
de 1807 à 1807	Mohammed II Mbang
de 1807 à 1846	Othman Bourkomanda III al-Kabir Mbang
de 1846 à 1858	Abdoul Qadir II al-Mahdi Mbang
de 1858 à 1870	Abou-Sekkin Mohammed III Mbang
de 1870 à 1871	Abd ar-Rahman II Mban
de 1871 à 1884	Abou-Sekkin Mohammed III Mbang
de 1884 à 1885	Bourkomanda IV as-Saghir Mbang
de 1885 à 1885	Ngarmane Ermanala
de 1885 à 1900	Abd ar-Rahman Gawrang II Mbang

Dynastie Zobeir

de 1897 à 1900   Rabah le Conquérant Mbang

Dynastie Kenga (restaurée)

de 1900 à 1912   Abd ar-Rahman Gawrang II Mbang

de 1912 à 1918   Abd ar-Rahman Gawrang II Mbang

de 1918 à 1935   Abdul Qadir III Mbang

1960 État supprimé par le gouvernement du Tchad

14 juin 1970   État reconstitué par le gouvernement du Tchad

du 14 juin 1970 à aujourd'hui   Mahamat Yusuf Mbang

Royaume du Ouaddaï ou Ouadaï

Le Royaume du Ouaddaï ou Ouadaï (1635-1912) était un royaume situé à l'est du lac Tchad, dans ce qui maintenant le Tchad et la République centrafricaine.

Le royaume est apparu au XVIe siècle comme un rejeton du Sultanat du Darfour (dans le Soudan d'aujourd'hui) au nord-est du Royaume du Baguirmi.

Origines

En 1635, les Maba et d'autres petits groupes de la région se sont ralliés à la bannière islamique d'Abd al-Karim, qui a mené une invasion de l'est et a renversé le groupe dominant.

Abd al-Karim est devenu le premier Kolak ou sultan d'une dynastie qui a duré jusqu'à l'arrivée des Français.

Pendant une grande partie du XVIIIe siècle, Ouadaï a résisté à sa réintégration dans le Darfour.

Expansion

Après 1804, pendant le règne de Mohammed Saboun (1804-1815), le sultanat de Ouadaï a commencé à étendre son pouvoir en profitant considérablement de sa position stratégique à cheval sur les routes commerciales transsahariennes.

Une nouvelle route commerciale vers le nord fut trouvée, via Ennedi, Kufra et Jalu-Awjila à Benghazi, et Sabun a équipé des caravanes royales pour en profiter.

Il a commencé à citer sa propre monnaie et a importé du courrier, des armes à feu et des conseillers militaires d'Afrique du Nord.

Les successeurs de Sabun étaient moins puissants que lui, et le Darfour profita d'une succession politique contestée en 1838 pour mettre son propre candidat au pouvoir à Ouara, la capitale de Ouadaï.

Cette tactique a échoué quand le leader du Darfour, Mohammed Sharif, a rejeté l'ingérence du Darfour et affirmé sa propre autorité.

En faisant ainsi, il a gagné l'acceptation des factions diverses de Ouadaï pour devenir le dirigeant le plus aisé de l'Histoire Ouadaï.

Sharif a mené des campagnes militaires jusqu'à Bornou et finalement établi l'hégémonie de Ouadaï sur Baguirmi et les royaumes autour du Chari.

Déclins

Le sultan Doud Mourra de Ouadaï s'opposa à la domination française jusqu'à son sursaut le 6 juin 1909, avec l'occupation de la capitale Abéché par les troupes françaises où fut installé un autre sultan.

La résistance a continué jusqu'à ce que le dernier sultan indépendant ait été capturé en 1912, mettant fin au sultanat.

Le royaume est devenu une partie de la République du Tchad après son indépendance en

1960. La région de Ouadaï du Tchad moderne couvre une partie de la région de l'ancien royaume. Son chef-lieu est Abéché.

La guerre de Ouadaï

La guerre de Ouadai a eu lieu de 1909 à 1911 entre la France et le Royaume du Ouadaï, situé dans ce qui serait aujourd'hui l'est du Tchad et le centre du Soudan.

Les Français ont annexé le royaume et l'ont gardé comme une partie de leur empire jusqu'en 1960.

Liste des souverains de Ouadaï

Dynastie Al-Abbasi

1795 à 1803 Mohammed Salih Derret ibn Jawda, Kolak

1803 à 1813 Abd al-Karim Saboun ibn Salih Derret, Kolak

1813 à 1813 Mohammed Bousata ibn 'Abd al-Karim, Kolak

1813 à 1829 Yousouf Kharifayn ibn 'Abd al-Qadir, Kolak

1829 à 1829 Raqib ibn Yousouf 'Abd al-Qadir, Kolak

1829 à 1835 Mohammed Abd al-'Aziz Dhawiyi ibn Radama

1835 à 1835 Adham ibn Mohammed Abd al-Aziz, Kolak

1835 à 1858 Izz ad-Din Mohammed al-Sharif ibn Salih Derret, Kolak

1858 à 1874 'Ali ibn Mohammed, Kolak

1874 à 1898 Yousouf ibn 'Ali, Kolak

1898 à 1900 Ibrahim ibn 'Ali, Kolak

1900 à décembre 1901 Ahmad Abou al-Ghazali ibn 'Ali, Kolak

1902 à 1909 Mohammed Daoud Mourra ibn Yousouf, Kolak

3 juin 1909 à 1912 Asil, Kolak

1912 Etat supprimé par la France

1935 Etat reconstitué

1935 à 1945 Mohammed Ourada ibn Ibrahim, Kolak

1945 à 1960 Ali Silek ibn Mohammed Daoud Mourra, Kolak

1960 Etat supprimé par le gouvernement tchadien

1970 Etat reconstitué par le gouvernement tchadien

1970 à 1977 Ali Silek ibn Mohammed Daoud Mourra, Kolak

1977 à aujourd'hui Ibrahim ibn Mohammed Ourada, Kolak

Colonialisme (1900-1940)

Le Tchad a été une partie de l'empire colonial français de 1900 à 1960. La règle coloniale sous les Français a commencé en 1900 lorsque le territoire militaire du Tchad a été établi. A partir de 1905, le Tchad est lié à la fédération des possessions coloniales françaises en Afrique Centrale, connue dès 1910 sous le nom d'Afrique équatoriale française (AEF).

Le Tchad est passé en 1920 à l'administration civile française, mais a souffert d'une négligence chronique.

Le Tchad se distingue en 1940 pour être, sous le gouvernement de Félix Éboué, la première colonie française à se rallier au côté de la France Libre.

Après la Seconde Guerre mondiale, les Français ont permis une représentation limitée de la population africaine, ouvrant la voie à l'affrontement politique entre le Parti Progressiste Tchadien (PPT) progressiste et basé dans le Sud et l'Union Démocratique Tchadienne (UDT)).

C'est finalement le PPT qui est sorti victorieux et a amené le pays à l'indépendance en 1960 sous la direction de François Tombalbaye.

Conquête française

L'intérêt européen pour l'Afrique a généralement augmenté au cours du XIXe siècle.

En 1887, la France motivée par la recherche de la richesse, avait conduit l'occupation des terres de la côte ouest de l'Afrique centrale.

Elle revendiquait cette zone comme une zone d'influence française, et en deux ans elle a occupé une partie de ce qui est maintenant le sud du Tchad.

Au début des années 1890, les expéditions militaires français envoyées au Tchad rencontraient les forces de Rabih az-Zoubayr, qui menaient des razzias au sud du Tchad tout au long des années 1890 et avaient saccagé les colonies de Bornou, Baguirmi et Ouadaï.

Après des années d'engagements indécis, les forces françaises ont finalement battu Rabih az-Zoubayr à la bataille de Kousséri en 1900.

Administration coloniale

Deux thèmes fondamentaux ont dominé l'expérience coloniale du Tchad avec les Français: une absence de politiques visant à unifier le territoire et un rythme de modernisation exceptionnellement lent.

Dans l'ordre des priorités françaises, la colonie du Tchad se classait près du dernier ; elle était moins importante que les territoires non africains, l'Afrique du Nord, l'Afrique de l'Ouest, ou même les autres possessions françaises en Afrique centrale.

Les Français sont venus à percevoir le Tchad principalement comme une source de coton brut. Au Tchad, il n'y avait ni la volonté ni les ressources pour faire plus que maintenir un semblant d'ordre public.

En fait, même cette fonction fondamentale de la gouvernance était souvent négligée; Tout au long de la période coloniale, de vastes régions du Tchad n'ont jamais été gouvernées efficacement par N'Djamena (appelé Fort-Lamy avant septembre 1973).

Le Tchad a été lié en 1905, avec trois colonies françaises au sud-Oubangui-Chari, au Moyen Congo (actuel Congo-Brazzaville).

Mais le Tchad ne reçoit pas de statut de colonie séparée ou une politique administrative unifiée jusqu'en 1920.

Les quatre colonies ont été administrées ensemble comme Afrique équatoriale française (AEF) sous la direction d'un gouverneur général stationné à Brazzaville.

Le gouverneur général exerçait un large contrôle administratif sur la fédération, y compris la sécurité extérieure et intérieure, les affaires économiques et financières et toutes les communications avec le ministre français des colonies.

Les lieutenants-gouverneurs, également nommés par le gouvernement français, devaient mettre en œuvre dans chaque colonie les ordres du gouverneur général.

L'administration centrale de Brazzaville contrôlait étroitement les lieutenants-gouverneurs malgré les efforts réformistes de décentralisation entre 1910 et 1946.

Le lieutenant-gouverneur du Tchad avait une plus grande autonomie en raison de la distance de Brazzaville et de l'intérêt beaucoup plus important des trois autres colonies. Quant au nombre de troupes déployées dans le pays, il y avait trois bataillons pour un total d'environ 3.000 soldats.

Les lignes de contrôle de Brazzaville, si faibles qu'elles fussent, étaient encore plus fortes que celles de N'Djamena. Dans la vaste région de Borkou-Ennedi-Tibesti, la poignée d'administrateurs militaires français parvint bientôt à un accord tacite avec les habitants du désert; tant que les sentiers de la caravane sont restés relativement sûrs et que les niveaux minimaux de la loi et de l'ordre ont été satisfaits, l'administration militaire (dont le siège est à Faya Largeau) laissait généralement le peuple seul.

Dans le centre du Tchad, la domination française était seulement un peu plus substantielle. Dans les préfectures de Ouadaï et de Biltine, la résistance endémique continua contre les Français et, dans certains cas, contre toute autorité qui tentait de supprimer le banditisme et le brigandage.

L'administration coloniale, dont les effectifs étaient faibles, ne supervise que faiblement la préfecture du Kanem et les régions peu peuplées des préfectures de Guéra et de Salamat.

Les razzias démodées se sont poursuivis dans les années 1920 et en 1923, un groupe de musulmans sénégalais en route vers la Mecque avait été saisi et vendu en esclavage.

N'ayant pas envie de dépenser les ressources nécessaires à une administration efficace, le gouvernement français a réagi avec une coercition sporadique et une dépendance croissante envers le régime par le truchement des sultans.

La France a seulement réussi à gouverner efficacement le sud, mais jusqu'en 1946 l'administration a été dirigée par Bangui en Oubangui-Chari plutôt que N'Djamena.

Contrairement au nord et au centre du Tchad, un système colonial français d'administration civile directe a été mis en place parmi les Sara, un groupe ethnique du Sud, et leurs voisins.

En outre, contrairement au reste du Tchad, un modeste niveau de développement économique s'est produit dans le sud du fait de l'introduction en 1929 de la production de coton à grande échelle.

Les transferts de fonds et les retraites vers les Sudistes qui ont servi dans l'armée française ont également amélioré le bien-être économique.

Mais même les avantages d'un revenu plus élevé n'ont pas réussi à gagner le soutien populaire pour dans le sud.

Outre les griefs antérieurs, comme le portage forcé (qui a coûté la vie à des milliers de personnes) et la réinstallation du village, les agriculteurs du sud ont déploré les quotas obligatoires pour la production de coton que la France achetait à des prix artificiellement faibles.

Les chefs protégés par le gouvernement ont davantage abusé de cette situation.

Cette uniformité de traitement et le cadre organisationnel colonial ont commencé à créer pendant cette période un sentiment d'appartenance ethnique chez les personnes dont les identités collectives avaient auparavant été limitées à de petits groupes.

Bien que la France ait fait des efforts considérables au cours de la conquête du Tchad, l'administration du territoire qui s'en est suivie a été peu enthousiaste.

Les fonctionnaires du service colonial français ont résisté aux affectations au Tchad, de sorte que les postes fréquentaient souvent des novices ou des fonctionnaires défavorisés.

Il était presque impossible d'être trop dément ou dépravé pour être considéré comme inapte au service. Pourtant, des scandales majeurs se produisaient périodiquement, et bon nombre des postes restaient vacants. En 1928, par exemple, 42% des subdivisions tchadiennes manquaient d'administrateurs officiels.

Un événement survenu en 1935 devait avoir des conséquences profondes tout au long des années 1970 et 1980. En cette année, l'administration coloniale française a négocié un ajustement frontalier avec l'Italie.

L'ajustement aurait déplacé la frontière entre la Libye et le Tchad à environ 100 kilomètres au sud à travers la bande d'Aozou.

Bien que le législateur français n'a jamais ratifié l'accord, les négociations faisaient partie des bases de revendication de la Libye sur la région des décennies plus tard.

Félix Eboué

En 1940, le Tchad devient internationalement proéminent lorsque son lieutenant-gouverneur, Félix Eboué, conduit le reste de l'Afrique Equatoriale Française (AEF) à soutenir la France Libre sous Charles de Gaulle plutôt que le gouvernement de Vichy en France.

Le Tchad devient la base de la conquête du Fezzan par le colonel Jacques Leclerc (1940-1943).

Plus de fonds et d'attention ont été déployés au Tchad et Eboué est devenu gouverneur général de l'AEF en novembre 1941.

Eboué, né en Guyane française d'une parenté mixte (africaine et européenne), s'intéresse vivement aux problèmes de dislocation culturelle résultant d'une modernisation sans frein en Afrique.

Il a travaillé pour rendre l'autorité aux chefs traditionnels authentiques tout en les formant aux techniques administratives modernes.

Il a reconnu la place des professionnels de la classe moyenne africaine dans les villes, mais il s'est opposé à la migration des travailleurs vers les villes, soutenant plutôt la création d'industries rurales intégrées où les travailleurs pourraient rester avec leurs familles.

Quand Eboué mourut en 1944, l'AEF perdit une source majeure d'idées progressistes et le Tchad perdit un leader avec une influence considérable en France.

Assemblée territoriale sous la France

Les électeurs français ont rejeté bon nombre des idées progressistes d'Eboué et d'autres après la fin de la Seconde Guerre mondiale.

Néanmoins, la constitution qui a été approuvée en 1946 a accordé au Tchad et aux autres colonies africaines le droit d'élire une assemblée territoriale avec des pouvoirs limités.

L'Assemblée a élu à son tour les délégués au Conseil général français de l'AEF. Le poste de gouverneur général a été rebaptisé haut commissaire et chaque territoire a obtenu le droit d'élire des représentants aux organes parlementaires français, y compris l'Assemblée nationale, le Conseil de la République et l'Assemblée de l'Union française.

Les peuples africains sont devenus des citoyens français, et les colonies ont été désignées des territoires d'outre-mer de la France.

Mais le véritable lieu d'autorité restait à Paris, aussi parce que les réformes de 1946 avaient sanctionné l'existence d'un système de vote à double collège, réservé aux Européens; les africains ne pouvaient que voter pour le collège des autochtones. Le personnel français a continué de dominer l'administration de l'AEF.

Aucune tentative formelle n'a été faite pour former les africains tchadiens aux postes de fonctionnaires avant 1955. Les réformes de 1946 abolirent le travail forcé.

Politique locale

Jusqu'au début des années 1950, les forces politiques originaires de France ont dominé le développement de la politique au Tchad. Les élections locales ont été largement remportées par des membres de l'Union Démocratique

Tchadienne (UDT), fondée en 1946, associée à un parti politique en France, le Rassemblement gaulliste du peuple français.

L'UDT représentait les intérêts commerciaux français et un bloc de leaders traditionnels composés principalement de noblesse musulmane et ouaddaïenne.

La communauté européenne du Tchad a commencé à utiliser la fonction publique à des fins politiques partisanes; les fonctionnaires africains identifiés avec des organisations opposées à l'UDT se sont rapidement retrouvés licenciés ou transférés à des postes éloignés.

Par exemple, François Tombalbaye (devenu président) a perdu son emploi d'enseignant et a fini par fabriquer des briques à la main en raison de ses activités syndicales et de son rôle dans le Parti Progressiste Tchadien (PPT) de l'opposition.

Néanmoins, en 1953, la politique devenait moins dominée par l'Europe, et le PPT devenait le principal rival de l'UDT.

Le leader du PPT fut Gabriel Lisette, administrateur colonial noir né au Panama et affecté au Tchad en 1946. Élu député de l'Assemblée nationale française, Lisette fut plus tard nommé secrétaire général du Rassemblement démocratique africain (RDA), un parti interterritorial, marxiste-orienté considéré tout à fait radical à l'époque.

Le PPT est né comme une branche territoriale du RDA et est rapidement devenu le véhicule politique des intellectuels non musulmans du pays.

Les dirigeants traditionnels considéraient que le PPT était contraire à leurs intérêts et reconnaissait que l'assemblée territoriale locale pourrait avoir des répercussions négatives sur leurs revenus et leur pouvoir.

Ces facteurs ont persuadé les dirigeants traditionnels de devenir plus actifs dans l'UDT qui, à cause des divisions internes, avait changé de nom à la fin des années 1950 pour l'Action Sociale Tchadienne (AST).

Bien que les noms des partis aient changé fréquemment et que des schismes dramatiques aient eu lieu tout au long des années 1950, la compétition électorale était essentiellement entre trois blocs politiques: l'UDT (AST), le PPT et les alliés d'Ahmed Koulamallah des préfectures de Chari-Baguirmi et Kanem.

Un politicien habile et un chef charismatique de la confrérie islamique de Tijaniyya au Tchad, Koulamallah a fait campagne en différents temps et endroits en tant que membre de la noblesse de Baguirmi et militant musulman fondamentaliste.

En conséquence, la politique dans les années 1950 a été une lutte entre le sud, qui a surtout soutenu le PPT, et la ceinture sahélienne musulmane, qui a favorisé l'UDT (AST). Koulamallah a joué un rôle généralement perturbateur dans le milieu.

Une plus grande autonomie

En 1956, l'Assemblée nationale française a adopté la loi cadre, connue sous le nom de loi de réforme d'outre-mer, qui a abouti à une plus grande autonomie pour le Tchad et les autres territoires africains.

Les réformes électorales ont élargi le bassin d'électeurs éligibles et le pouvoir a commencé à se déplacer des régions peuplées du nord et du centre du Tchad vers le sud plus densément peuplé.

Le PPT était devenu moins militant, gagnant l'appui des chefs du Sud et des membres de l'administration coloniale française, mais pas des intérêts commerciaux privés français.

Lors des élections de 1957, qui ont eu lieu le 31 mars, sur les 65 sièges, le PPT a pris 32; ses alliés, le Parti socialiste indépendant tchadien (PSIT) et l'UDT, ont pris 15; le Rassemblement des Indépendants et Agrariens Tchadiens (RIAT), issu de l'AST, 9 sièges; L'AST, 8 sièges et le dernier siège est allé à un candidat indépendant.

À la suite de cette victoire, Lisette et le PPT ont formé le premier gouvernement africain au Tchad, en maintenant la majorité pendant seulement un an. Cependant, avant que les factions représentant les chefs traditionnels retirent leur soutien de son gouvernement de coalition.

Décolonisation

Fédération française et indépendance totale

En septembre 1958, les électeurs de tous les territoires français de l'Afrique ont participé à un référendum sur la constitution de la Ve République, rédigé sous le gouvernement de Gaulle.

Pour une variété de raisons politiques et économiques, la plupart des groupes politiques tchadiens ont appuyé la nouvelle constitution et tous ont voté en faveur d'une résolution appelant le Tchad à devenir une république autonome au sein de la Communauté française.

Les trois autres territoires de l'AEF ont voté de la même façon, et en novembre 1958, l'AEF a officiellement pris fin. La coordination sur des questions telles que les douanes et la monnaie a continué entre les quatre territoires par des accords écrits ou sur une base ad hoc.

Néanmoins, certains Tchadiens ont soutenu la création d'une fédération française encore plus forte, plutôt que l'indépendance.

Barthélemy Boganda de l'Oubangui-Chari, est le principal partisan de cette proposition, mais sa mort en 1959 et l'opposition vigoureuse de Brazzaville ont abouti à l'indépendance politique sur une base distincte pour les quatre républiques.

Après la ruine de la coalition de Lisette au début de 1959, deux autres alliances gouvernèrent brièvement. Puis, en mars, le PPT est revenu au pouvoir, cette fois sous la direction de Tombalbaye, un dirigeant syndical et représentant de la préfecture du Moyen-Chari.

Lisette, dont le pouvoir a été miné en raison de ses origines non africaines, est devenue vice-première ministre chargée de la coordination économique et des relations internationales.

Tombalbaye a consolidé assez de soutien politique du sud et du nord pour isoler l'opposition en une collection de dirigeants musulmans conservateurs du centre du Tchad.

Ce dernier groupe a formé un parti politique en janvier de 1960, mais sa représentation parlementaire a diminué régulièrement car Tombalbaye a courtisé des membres individuels au PPT.

Avant l'indépendance en août 1960, le PPT et le sud avaient clairement obtenu la domination politique, mais les qualifications de Tombalbaye ont permis aux observateurs de parler optimiste sur la possibilité de construire une coalition large de forces politiques.

Pendant la Seconde Guerre mondiale, le Tchad fut la première colonie française à rejoindre les Alliés (26 août 1940), après la défaite de la France par l'Allemagne.

Sous l'administration de Félix Éboué, le premier gouverneur colonial noir, une colonne militaire, commandée par le colonel Philippe Leclerc de Hauteclocque et comprenant deux bataillons de troupes de Sara, se déplaçait au nord de N'Djamena (alors Fort Lamy) pour engager les forces de l'Axe en Libye, où, en partenariat avec le groupe du désert à longue portée de l'armée britannique, ils ont capturé Koufra.

Après la fin de la guerre, les partis locaux ont commencé à se développer au Tchad. Le premier parti à naître fut le Parti Progressiste Tchadien (PPT) en février 1947, initialement dirigé par le panaméen Gabriel Lisette, mais à partir de 1959 dirigé par François Tombalbaye.

La plus conservatrice Union démocratique Tchadienne (UDT) a été fondée en novembre 1947 et représentait les intérêts commerciaux français et un bloc de leaders traditionnels composés principalement de noblesse musulmane et ouaddaïenne.

La confrontation entre le PPT et l'UDT était plus que purement idéologique; Il représentait différentes identités régionales, le PPT représentant le sud chrétien et animiste et l'UDT le nord islamique.

Le PPT a remporté les élections de pré-indépendance de mai 1957 et Lisette a dirigé le gouvernement de l'Assemblée territoriale jusqu'à la perte du vote de confiance le 11 février 1959.

Après un référendum sur l'autonomie territoriale le 28 septembre 1958, l'AEF a été dissoute et ses quatre États constitutifs (le Gabon, le Congo-Brazzaville, la République centrafricaine et le Tchad) sont devenus membres autonomes de la Communauté française à partir du 28 novembre 1958.

Après la chute de Lisette en février 1959, les dirigeants de l'opposition Gontchome Sahoulba et Ahmed Koulamallah ne pouvaient pas former un gouvernement stable, le PPT a de nouveau été invité à former une administration ; ce qu'il a fait sous la direction de François Tombalbaye le 26 mars 1959.

Le 12 juillet 1960, la France a accepté que le Tchad devienne pleinement indépendant.

Le 11 août 1960, le Tchad devint un pays indépendant et François Tombalbaye devint son premier président.

Le gouvernement de Tombalbaye

Le président François Tombalbaye a été confronté à une tâche d'une ampleur considérable lorsque le Tchad est devenu un État souverain en 1960.

Son défi était de construire une nation à partir d'un territoire vaste et diversifié qui avait peu de ressources naturelles connues.

Les puissances coloniales françaises qui avaient créé les frontières du pays avaient peu fait pour promouvoir l'interdépendance économique, la coopération politique ou la compréhension interculturelle.

Les Tchadiens qui avaient espéré que le premier président du pays pourrait se révéler être un constructeur d'état ont été déçus.

Au cours de ses quinze premières années, le Tchad sous Tombalbaye a connu une aggravation des conditions économiques, une aliénation éventuelle des alliés étrangers, une exacerbation des conflits ethniques et régionaux et un grave affaiblissement de l'État en tant qu'instrument de gouvernance.

Au début, Tombalbaye a démontré un style autocratique avec une méfiance envers les institutions de la démocratie.

Une semaine avant l'accession du pays à l'indépendance, Tombalbaye purgea Gabriel Lisette de son propre parti, le Parti progressiste Tchadien (PPT), déclarant que Lisette n'était pas citoyenne. Alors qu'elle voyageait à l'étranger, il l'empêcha de rentrer au Tchad.

Ce coup par télégramme fut le premier d'une série étendue d'actions de Tombalbaye de plus en plus autoritaires pour éliminer ou neutraliser ses adversaires.

Pour accroître son pouvoir et sa liberté d'action, Tombalbaye a interdit tous les partis politiques à l'exception du PPT en janvier 1962 et, en avril, il établit une forme de gouvernement présidentiel.

Lorsque de graves émeutes se sont produites en 1963 à N'Djamena et Am Timan, le gouvernement avait déclaré l'état d'urgence et dissous l'Assemblée nationale.

Et, dans le cadre d'une campagne majeure contre des adversaires politiques réels et imaginaires, Tombalbaye avait créé un tribunal pénal spécial.

À la fin de l'année, les prisons du pays contenaient plusieurs politiciens tchadiens. En juin 1964, une nouvelle Assemblée nationale conféra à Tombalbaye le contrôle total de toutes les nominations au Bureau politique du PPT, qui était alors la seule source d'autorité politique.

Tombalbaye a dirigé le pays avec le PPT, le gouvernement et les échelons supérieurs de la fonction publique approvisionnés par des loyalistes, et surtout avec les leaders de l'opposition en prison, en exil ou complètement cooptés.

Un effort pour africaniser le service civil et les forces de sécurité aussi rapidement que possible a complété la volonté de Tombalbaye pour le pouvoir personnel.

Entre 1960 et 1963, le nombre de fonctionnaires français dans l'administration centrale a diminué de quatre-vingt-quinze à trente, et à la fin de 1962, la structure administrative se trouvait entre les mains des tchadiennes.

En outre, des unités de l'armée nationale tchadienne ont remplacé les forces militaires françaises dans la préfecture de Borkou-Ennedi-Tibesti et à Abéché ; un processus officiellement achevé le 23 janvier 1965.

L'africanisation n'était pas tout à fait populaire parmi les fermiers et les éleveurs tchadiens, malgré leur profond ressentiment envers la domination coloniale française.

Une baisse de la qualité du service public a été immédiatement apparente, en partie à cause des difficultés habituelles de la transition, mais aussi parce que bon nombre des tchadiens nouvellement embauchés et promus étaient moins expérimentés et moins formés que leurs homologues français de départ.

Augmentant le mécontentement, Tombalbaye impose une taxe supplémentaire en 1964, sous l'euphémisme d'un «prêt national».

En plus de cette action, certains administrateurs gouvernementaux auraient forcé les citoyens des zones rurales à effectuer les paiements trois fois.

Les rapports de corruption et d'autres abus d'autorité ont augmenté alors que les nouveaux fonctionnaires du Tchad ont pris conscience des pressions croissantes et de la diminution des contraintes sur les fonctionnaires.

Parce que la grande majorité des citoyens occidentaux et francophones du pays étaient des Sudistes, la politique de l'africanisation représentait souvent une «nationalisation» du gouvernement tchadien.

Ce qui paraissait aux yeux de certains observateurs occidentaux comme un progrès dans l'autonomie africaine a été perçu par ceux des régions du nord et du centre comme une prise de plus en plus flagrante du pouvoir par les sudistes.

Pour beaucoup dans le nord et le centre du Tchad, les Tchadiens méridionaux étaient tout simplement un autre groupe d'étrangers, presque aussi étranger et arrogant que les français au départ.

L'incapacité de Tombalbaye à mettre en place des politiques d'embauche et de formation visant à améliorer l'équilibre ethnique et régional dans l'administration publique était l'une de ses plus graves lacunes.

Une autre faiblesse était son manque d'intérêt pour parvenir à des accords de partage du pouvoir avec les dirigeants clés des régions saharienne et sahélienne.

L'insatisfaction à l'égard de ces échecs a été exprimée violemment, et la réponse du gouvernement était tout aussi violente.

Lorsque de jeunes musulmans se sont révoltés à N'Djamena le 16 septembre 1963, à la suite des arrestations arbitraires de trois dirigeants musulmans, le gouvernement a réagi rapidement et de façon répressive en utilisant l'armée; en conséquence, plus de 300 personnes ont été tuées.

Beaucoup ont été arbitrairement condamnés à une amende pour des infractions comme le port de barbes ou de turbans.

Oueddei Kichidemi, le chef spirituel du peuple Teda, groupe Toubou, était parmi les cibles.

Des affrontements explosifs se produisirent à plusieurs reprises, car les leaders inexpérimentés, qui comprirent peu des peuples qu'ils gouvernaient, remplacèrent les administrateurs français expérimentés.

À cette époque, à peine cinq ans après l'indépendance, la possibilité d'un conflit armé augmentait.

Les politiciens du Tchad ont de plus en plus utilisé les loyautés traditionnelles et les inimitiés pour dénigrer l'opposition et renforcer le soutien populaire à leurs positions.

Compte tenu de l'héritage historique du conflit tchadien, même le chef le plus compétent avec l'ensemble le plus éclairé de politiques aurait éventuellement été confronté à des mouvements sécessionnistes ou à une opposition armée.

Tombalbaye, cependant, a hâté le début du conflit civil en gaspillant rapidement sa légitimité par des tactiques répressives du favoritisme régional.

Rébellion au Tchad

Le 1 er novembre 1965, la frustration avec ce qui était perçu comme une mauvaise gestion du gouvernement et des abus de recettes fiscales a éclaté par des émeutes dans la ville de Mangalmé, dans la préfecture de Guéra.

Cinq cents personnes sont mortes, y compris le député local de l'Assemblée nationale et neuf autres responsables gouvernementaux.

De Mangalmé et de la Préfecture de Batha voisine, la rébellion s'est étendue aux préfectures de Ouaddaï et de Salamat, où en février 1967 le préfet et le préfet adjoint ont été tués.

En août 1968, une mutinerie importante à Aozou parmi les unités de Toubou et de la garde nationale a mis en évidence l'agitation continue dans le nord.

La même année, des activités et des secteurs anti-gouvernementaux ont commencé à apparaître dans la préfecture de Chari-Baguirmi, à seulement 100 kilomètres de N'Djamena.

Les voyages sont devenus dangereux dans une grande partie du centre du Tchad, et l'autorité gouvernementale dans le nord a été réduite en 1969 aux villes de garnison de Faya-Largeau, Fada, Bardaï, et Ounianga Kébir.

Outre les causes historiques et ce que Tombalbaye lui-même a appelé par la suite «mauvaise administration», les voisins arabophones du pays ont encouragé la rébellion dans les régions du nord et du centre du Tchad.

Au Soudan et en Libye, de nombreux «fronts de libération» autoproclamés sont apparus au milieu des années 1960, imprimant des manifestes et revendiquant le leadership des groupes rebelles au Tchad.

Le Front de libération national du Tchad (FROLINAT) a été formé en juin 1966 à Nyala, dans le sud-ouest du Soudan.

Les différences de personnalité, de philosophie et d'ethnicité ont rapidement conduit à la fragmentation du front, un groupe se déplaçant à Khartoum et un autre, qui a conservé la désignation FROLINAT, établissant des bureaux à Alger et à Tripoli.

L'influence de l'aide extérieure aux rebelles pendant cette période était minime. Avant 1976, les soulèvements du Tchad étaient désorganisés et désordonnés parmi les groupes dissidents.

La plupart des observateurs attribuent plus le succès des rebelles à l'ineptie du gouvernement tchadien et de l'armée nationale qu'à l'aide extérieure.

Après que le commandant de campagne de la région orientale du FROLINAT, Ibrahim Abatcha, soit mort au combat en février 1968, quatre candidats au leadership ont émergé.

En deux ans, deux d'entre eux auraient été assassinés et un autre aurait fui au Soudan; Abba Siddick devient le nouveau secrétaire général du FROLINAT en 1970. Mais en 1971, lorsque Siddick appelle à une plus grande coopération entre les différents groupes sous la bannière FROLINAT, il rencontre une vive opposition dans le nord avec Goukouni Oueddei, le fils de Oueddei Kichidemi et Hissène Habré, dirigeants du Conseil de Commandement des Forces Armées du Nord (CCFAN). Goukouni et Habré ont rompu avec Siddick qui a seulement réussi à conserver le contrôle nominal de la première armée de libération du FROLINAT dans le centre-est du Tchad.

La première réponse de Tombalbaye aux activités antigouvernementales croissantes était de tenter de les écraser.

Lorsque les forces gouvernementales se révélèrent malheureusement insuffisantes pour cette tâche, Tombalbaye avala son orgueil et appela les Français sur la base des traités militaires signés en 1960.

Confronté à l'impopularité d'une telle démarche, le gouvernement français rejoint de nombreux intellectuels tchadiens pour réclamer une vaste gamme de réformes économiques et politiques.

Désespéré de l'aide française, Tombalbaye accepte à contrecœur les trente-trois membres de la Mission de Réforme Administrative (MRA), arrivés en 1969 avec le but de recycler l'armée, de réorganiser la fonction publique et de recommander l'abolition de lois et impôts impopulaires.

La réforme politique la plus importante a été la restauration complète des principaux sultans du Tchad et de leur autorité judiciaire antérieure.

Le gouvernement leur a également permis de reprendre leur fonction de collecteurs d'impôts en échange de 10% du revenu.

Cette action, mise en œuvre à contrecœur par Tombalbaye, a temporairement diminué les activités des rebelles dans le centre du Tchad.

La libéralisation s'est poursuivie à la fin des années 1960 et au début des années 1970. Après les élections présidentielles de 1969, auxquelles Tombalbaye s'est opposé, quelque 600 prisonniers politiques ont été libérés, y compris un certain nombre de musulmans de premier plan.

En avril 1971, Tombalbaye, s'adressant au septième Congrès du PPT, a reconnu pour la première fois qu'il avait commis des erreurs et qu'il y avait certaines lacunes liées à sa politique.

Il a promis une campagne de réconciliation nationale, et quelques semaines plus tard, il a formé un gouvernement qui comprenait une plus grande proportion de musulmans et de nordistes.

En juin, Tombalbaye a libéré 1 500 prisonniers politiques et effectué des tournées dans les régions rebelles du nord, où il a promis du sel et du sucre subventionnés par le gouvernement pour les nomades de Zouar et de Bardaï.

Ces réformes et l'aide française ont contribué au calme relatif de 1970 et 1971.

Les forces militaires françaises ont fourni une assistance étendue et efficace pour contenir les activités rebelles dans le centre du Tchad.

En juin 1971, la rébellion avait été réduite dans la plupart des zones isolées de la région du Tibesti.

Le gouvernement français, sous pression intérieure, a commencé à retirer ses forces du Tchad.

Chute du régime

Les efforts de réforme de Tombalbaye ont cessé brusquement en août 1971. Tomabalbaye a rompu les relations avec la Libye et a invité des éléments anti-Kadhafi à établir des bases au Tchad.

En rétorsion, Kadhafi a reconnu le FROLINAT, a offert (pour la première fois formellement) une base opérationnelle à Tripoli et a augmenté le flux des approvisionnements aux rebelles tchadiens.

Bien que facilement contenue, la grève a démontré la politisation croissante et la désaffection des jeunes membres de l'élite méridionale et reflète leur prise de conscience accrue du potentiel politique de l'armée.

Tombalbaye remplaça alors le chef d'état-major, le général Jacques Doumro, favori des étudiants, par le colonel Félix Malloum.

En juin 1972, une bande de saboteurs libyens a été capturée lors du passage des armes à feu et des explosifs dans la capitale.

Ces arrestations ont coïncidé avec une grave crise financière, une aggravation de la sécheresse, des rixes intestines acharnées et des troubles civils dans la capitale.

Ces événements ont convaincu Tombalbaye d'abandonner sa politique de réconciliation nationale. Il a incarcéré plus de 1.000 vrais ou soupçonnés "ennemis de l'état".

Dans une indication de sa méfiance croissante vis-à-vis du sud précédemment sécurisé, Tombalbaye a arrêté des centaines de personnes du sud et a enlevé deux principaux ministres au cabinet du sud.

Il a également effectué une politique de surface destinée à obtenir une assistance économique du monde arabe.

Afin de renforcer les liens avec le monde arabe, Tombalbaye a rompu les relations du Tchad avec Israël en septembre 1972.

Quelques mois plus tard, Tombalbaye a obtenu un engagement initial de 23 milliards de francs CFA de la Libye. En 1973, d'autres capitales arabes ont promis de l'aide. En outre, le Tchad s'est retiré de l'Organisation commune africaine, malgache et mauricienne (OCAMM), une alliance modérée d'États africains francophones.

La stratégie de Tombalbaye pour créer des difficultés au FROLINAT a été couronnée de succès.

Lorsque Kadhafi a commencé à restreindre les livraisons de fournitures militaires et de nourriture aux rebelles, les combats pour la fourniture limitée ont éclaté entre la Première Armée de libération du FROLINAT et le FAN (à cette époque appelée la Deuxième Armée de Libération).

La Deuxième Armée de libération perdit le contrôle d'Ennedi et se retira dans le nord de Borkou et du Tibesti. En avril 1974, cependant, elle frappe en saisissant trois otages européens, dont un archéologue français à Bardaï.

A cette époque, la présidence de Tombalbaye s'effaçait rapidement, car une plus grande attention se portait sur les menaces réelles et présumées du gouvernement.

En juin 1973, Tombalbaye fait arrêté Malloum, chef du PPT et une vingtaine d'autres responsables du parti, principalement du Sud.

Ces individus ont été tenus pour "sorcellerie politique" en raison de leur implication présumée dans les sacrifices d'animaux.

En outre, lorsque Outel Bono, un politicien libéral très admiré, a été assassiné à Paris tout en organisant un nouveau parti politique en août, beaucoup croyaient que le gouvernement Tombalbaye était derrière le meurtre.

Ce même mois, Tombalbaye a décidé de remplacer le PPT par un nouveau parti, le

Mouvement National pour la Révolution Culturelle et Sociale (MNRCS).

Pour détourner la critique domestique, Tombalbaye s'est lancé dans une campagne pour promouvoir l'authenticité, ou «Tchaditude».

Cet effort visait à effacer les pratiques et les influences étrangères.

Pour consolider son soutien de l'élite urbaine en expansion au Tchad, Tombalbaye avait africanisé les noms de plusieurs endroits (Fort-Lamy et Fort Archambault étaient devenus N'Djamena et Sarh, respectivement) et a ordonné aux fonctionnaires d'utiliser des noms indigènes; Il changea son prénom en Ngarta.

En outre, ses politiques ont incité de nombreux missionnaires étrangers à quitter le pays. Ses attaques stridentes contre le gouvernement français étaient également populaires. Tombalbaye a critiqué spécifiquement Jacques Foccart, le puissant secrétaire général de la présidence française pour les affaires africaines, en le qualifiant de «génie maléfique».

De la mi-1973 à avril 1974, environ 3 000 fonctionnaires du Sud, dont deux ministres et un colonel, ont traversé l'épreuve du yondo, des rites perçus comme antichrétiens et essentiellement empruntés à un sous-groupe Sara.

Par conséquent, plutôt que d'encourager un soutien plus grand du Sud, l'action de Tombalbaye a créé la désaffection parmi les fonctionnaires, les officiers de l'armée et les étudiants.

L'aggravation de la sécheresse au début des années 1970 a également affecté la situation politique dégradante du Tchad.

Tout au long de l'année 1974, la critique internationale par le Tchad des efforts de lutte contre la sécheresse a atteint un nouveau sommet.

En réponse à sa crise économique, le gouvernement a lancé l'opération Agriculture, qui a impliqué un effort massif de plantation volontaire de coton sur les terres vierges.

Le projet a quelque peu accru la production, mais au détriment des grandes perturbations économiques et du ressentiment du sud, en particulier de la part des habitants des villes qui ont été rassemblés par les militaires pour «faire du bénévolat» de la main-d'œuvre agricole.

Au début de 1975, Tombalbaye avait érodé ses deux principales bases de soutien, le sud et les forces armées.

Seules les divisions Sara et le souci de la possible perte de l'influence du Sud dans le gouvernement avaient empêché tout mouvement anti-Tombalbaye bien organisé.

En outre, tout au long des années 1970, la critique de Tombalbaye de la performance médiocre de l'armée sur le terrain avait mis en colère le corps des officiers et dissipé sa loyauté.

D'autres leaders militaires organisaient des purges fréquentes et des remaniements dans les rangs supérieurs.

En mars 1975, Tombalbaye a ordonné l'arrestation de plusieurs hauts responsables militaires, suspects dans un autre complot.

Le 13 avril 1975, Tombalbaye sera assassiné lors d'un coup d'État dirigé par plusieurs unités de la gendarmerie de N'Djamena, agissant sous la direction initiale d'officiers subalternes.

Le pouvoir militaire (1975-1978)

Le coup d'Etat qui a mis fin au gouvernement de Tombalbaye a reçu une réponse enthousiaste à N'Djamena. Le général du Sud Félix Malloum est apparu très tôt comme le président de la nouvelle junte.

Les nouveaux chefs militaires n'étaient pas en mesure de retenir pour longtemps la popularité qu'ils avaient gagnée par le renversement de Tombalbaye.

Malloum se révéla incapable de faire face au FROLINAT et finit par décider que sa seule chance était de coopter quelques-uns des rebelles: en 1978 il s'allia avec le leader insurgé Hissène Habré, qui entra au gouvernement en tant que premier ministre.

Tchad sous Félix Malloum

Le coup d'Etat au Tchad qui a mis fin au gouvernement de Tombalbaye en 1975 a reçu une réponse enthousiaste dans la capitale N'Djamena.

Félix Malloum a émergé comme président du nouveau Conseil Supérieur Militaire (CSM) et les premiers jours du nouveau régime ont été célébrés et de nombreux prisonniers politiques ont été libérés. Son gouvernement comprenait plus de musulmans du nord et de l'est du Tchad, mais la domination ethnique et régionale restait encore largement entre les mains des Sudistes.

Politiques économiques

Le gouvernement successeur a rapidement renversé nombre de politiques odieuses de Tombalbaye. Par exemple, le CSM a tenté de répartir plus équitablement et plus efficacement l'assistance extérieure en cas de sécheresse, a élaboré des plans pour mettre au point de nombreuses réformes économiques, notamment des réductions d'impôts et des dépenses publiques, et a abandonné certaines des mesures les plus oppressives utilisées pour encourager la production cotonnière.

Contrôle politique et opposition

Les nouveaux chefs militaires n'étaient pas en mesure de conserver longtemps l'autorité, la légitimité et la popularité qu'ils avaient gagné avec le renversement de l'impopulaire Tombalbaye.

Les attentes de la plupart des tchadiens urbains dépassaient de loin la capacité du nouveau gouvernement.

De plus, c'est vite devenu clair que les nouveaux dirigeants, qui étaient pour la plupart des officiers militaires du Sud, se voyaient comme des gardiens plutôt que des innovateurs, et peu de proches de Tombalbaye étaient punis.

Tout au long de son mandat, le CSM n'a pu obtenir le soutien des syndicats, des étudiants et des citadins de plus en plus radicalisés de la capitale.

Le gouvernement a suspendu l'Union nationale des Travailleurs du Tchad (UNTT) et interdit les grèves, mais les troubles ouvriers et urbains se sont poursuivis de 1975 à 1978.

Au premier anniversaire de la constitution, Malloum a été la cible d'une attaque à la grenade qui a blessé plusieurs hauts fonctionnaires et spectateurs.

Un an après, en mars 1977, le CSM a exécuté sommairement les dirigeants militaires d'une mutinerie de courte durée à N'Djamena.

Relations extérieures et dissension croissante

Les échecs fondamentaux du gouvernement de Malloum, cependant, ont été plus évidents dans ses interactions avec la France, la Libye, et FROLINAT.

Au cours de ses premiers mois de mandat, Malloum a persuadé quelques éléments rebelles de l'Est de rejoindre le nouveau gouvernement.

Au nord, le derde (Oueddei Kichidemi) est revenu d'exil en Libye en août 1975. Mais son fils, Goukouni Oueddei, a refusé de répondre à ses instances ou celles du gouvernement et est resté dans l'opposition.

Lorsque le Conseil de Commandement des Forces Armées du Nord (CCFAN), une structure créée en 1972 par Hissène Habré et Goukouni pour représenter les éléments du Nord à FROLINAT, a continué à refuser les négociations avec le CSM sur la libération de l'archéologue français en otage, la France a commencé à traiter directement avec les rebelles.

Le gouvernement de Malloum a réagi à cet embarras en exigeant le départ de 1500 soldats français, à la fin de 1975, lorsque la situation militaire du Tchad commençait à s'aggraver.

Tout au long de 1976 et 1977, l'équilibre militaire du pouvoir s'est déplacé en faveur du FROLINAT alors que la Libye a fourni aux rebelles beaucoup plus d'armes et de soutien logistique que jamais auparavant.

Faya Largeau a été assiégé deux fois en 1976, puis en juin 1977, Bardaï est tombé aux mains du CCFAN.

Lutte du pouvoir entre Goukouni et Habré

La forte augmentation de l'activité libyenne a également mis à nu la lutte du pouvoir au sein du CCFAN entre Goukouni et Habré.

En 1971, Habré avait quitté son poste de préfet adjoint du gouvernement Tombalbaye pour rejoindre les rebelles de Goukouni.

Goukouni et Habré, ambitieux dirigeants toubous de deux clans différents et concurrents, devinrent des rivaux, d'abord au sein du CCFAN et plus tard dans tout le Tchad.

Dans le CCFAN, les principaux problèmes qui divisaient les hommes étaient les relations avec la Libye et le traitement de l'affaire des otages.

Habré s'opposait vigoureusement à tous les projets libyens sur la bande d'Aozou et favorisait le maintien de l'otage français même après que la plupart des demandes de rançon aient été satisfaisantes.

Goukouni avait estimé que la priorité devrait aller au conflit avec le CSM, pour lequel l'assistance libyenne se montrait décisive.

Habré a finalement rompu avec lui en 1976, en prenant quelques centaines d'adeptes pour se battre dans les préfectures de Batha et Biltine et en donnant un nouveau nom pour son groupe, Forces armées du Nord (FAN).

Le CCFAN a libéré l'otage aux autorités françaises en janvier 1977.

Comme la position militaire du CSM continuait à diminuer en 1977, les approches politiques de Malloum envers les groupes rebelles et les dirigeants devinrent de plus en plus flexibles.

En septembre, Malloum et Habré se sont rencontrés à Khartoum pour entamer des négociations sur une alliance formelle.

Leurs efforts ont abouti à un accord soigneusement rédigé, la Charte fondamentale, qui a formé la base du gouvernement d'union national d'août 1978.

L'accession de Habré au pouvoir à N'Djamena avait pour but de montrer à Goukouni et à d'autres dirigeants rebelles la volonté du gouvernement de négocier sérieusement.

En février, Faya Largeau est tombé aux mains du FROLINAT et à peu près la moitié du territoire national.

Peu de temps après, Malloum s'est envolé vers Sabha, au sud de la Libye, pour négocier un cessez-le-feu, mais la position de FROLINAT se durcit.

Goukouni a affirmé que les trois armées de libération étaient maintenant réunies sous sa direction dans les nouvelles Forces Armées Populaires (FAP) et que leur objectif restait le renversement du «régime dictatorial néo-colonial imposé par la France au Tchad depuis le 11 août 1960».

Les FAP ont continué à avancer vers la capitale jusqu'à ce qu'elles soient arrêtées près d'Ati lors des batailles avec les forces militaires françaises et les unités des Forces armées tchadiennes (FAT).

Malloum espérait que la direction de FROLINAT adoucirait ses termes ou pourrait subir une nouvelle fragmentation.

Guerre civile (1979-1982)

La dissidence interne au sein du gouvernement a conduit le Premier ministre Habré à envoyer ses forces contre l'armée nationale de Malloum dans la capitale en février 1979.

Malloum a été évincé de la présidence, mais la guerre civile qui en résulta parmi les 11 factions émergentes était répandue dans tout le pays. À ce moment-là, d'autres gouvernements africains ont décidé d'intervenir.

Une série de quatre conférences internationales tenues d'abord sous le patronage nigérian puis par l'Organisation de l'unité africaine (OUA) a tenté de réunir les factions tchadiennes.

Lors de la quatrième conférence, tenue à Lagos (Nigeria) en août 1979, l'Accord de Lagos a été signé.

Cet accord établissait un gouvernement de transition en attendant les élections nationales.

En novembre 1979, le gouvernement de transition a été créé avec le mandat de gouverner pendant 18 mois.

Goukouni Oueddei, un nordiste, a été nommé président; le colonel Kamougué, vice-président; et Habré, ministre de la Défense.

Cette coalition se révéla fragile; en janvier 1980, des combats éclatèrent entre les forces de Goukouni et Habré.

Avec l'aide de la Libye, Goukouni repris le contrôle de la capitale et des autres centres urbains à la fin de l'année.

Cependant, la déclaration de Goukouni en janvier 1981 selon laquelle le Tchad et la Libye avaient accepté de travailler pour la réalisation de l'unité complète entre les deux pays et l'appel de Goukouni pour le retrait complet des forces extérieures ont généré une pression internationale intense.

Gouvernement d'unité nationale et de transition

Le gouvernement d'unité nationale et de transition (GUNT) était le gouvernement de coalition des groupes armés qui gouvernaient nominalement le Tchad de 1979 à 1982, pendant la phase la plus chaotique de la longue guerre civile qui a commencé en 1965.

Le GUNT a remplacé l'alliance fragile menée par Félix Malloum et Hissène Habré, qui s'est effondrée en février 1979.

Le GUNT a été caractérisé par les rivalités intenses qui ont mené aux affrontements armés et à l'intervention libyenne en 1980.

En raison des pressions internationales et des relations difficiles entre Goukouni et le dirigeant libyen Kadhafi, Goukouni a demandé aux Libyens de quitter le Tchad en novembre 1981;

Ils ont été remplacés par une Force militaire interafricaine. La force africaine se montra peu disposée à affronter la milice de Hissène Habré.

Le 7 juin 1982, le GUNT fut évincé par Habré et Goukouni s'enfuit en exil.

Le GUNT, toujours sous la direction de Goukouni, est devenu une coalition des groupes d'opposition visant à renverser Habré.

La Libye joue à nouveau un rôle décisif, apportant un soutien massif à Goukouni.

Une intervention française a empêché le GUNT à renverser Habré en 1983 et limité le contrôle libyen-GUNT au nord du Tchad.

Les dissensions internes et les problèmes avec le favoritisme libyen, y compris l'arrestation de Goukouni par les Libyens, ont causé la désintégration du GUNT en 1986.

Guerre civile et tentatives de médiation

De 1979 à 1982, le Chad a connu un changement sans précédent et une spirale de violence. Les Sudistes ont finalement perdu le contrôle de ce qui restait du gouvernement tchadien, alors que les conflits civils sont devenus beaucoup plus internationalisés.

Au début de 1979, la fragile alliance de Malloum-Habré s'est effondrée après des mois d'actions agressives de Habré, incluant la demande de plus d'habitants du Nord pour les hautes fonctions gouvernementales et l'utilisation de l'arabe au lieu de la radiodiffusion française.

Désireux de soutenir les grandes communautés de musulmans et d'arabes à N'Djamena, Habré a libéré ses forces armées du Nord (FAN) le 12 février.

Avec la garnison française restée intacte, les FAN ont envoyé Félix Malloum à la retraite (sous protection française) et conduit les restes des forces armées tchadiennes (FAT, l'armée régulière) vers le sud.

Le 22 février, Goukouni Oueddei et les Forces armées populaires (FAP) sont entrés dans la capitale. À cette époque, la plupart des habitants de la ville de Sara avaient fui vers le sud, où des attaques contre des musulmans et des non-personnes avaient éclaté, en particulier à Sarh,

Moundou et dans toute la préfecture du Moyen-Chari.

À la mi-mars, plus de 10 000 personnes auraient été tuées à la suite de violences dans le sud du pays.

Au début de 1979, le Tchad est devenu une arène ouverte de politique factionnelle sans limites.

Les chercheurs de pouvoir opportunistes ont cherché à rassembler des adeptes (souvent en utilisant des appels sectaires) et à gagner l'appui des voisins africains du Tchad.

Entre le 10 mars et le 21 août, quatre conférences séparées ont eu lieu dans les villes nigérianes de Kano et Lagos, au cours desquelles les voisins tchadiens ont tenté d'établir un cadre politique acceptable pour les factions belligérantes.

Les voisins du Tchad, cependant, ont également utilisé les réunions pour poursuivre leurs propres intérêts, entraînant de nombreuses complications externes et un nombre croissant de factions apportées dans le processus.

Par exemple, à un moment donné, le dirigeant libyen Kadhafi est devenu tellement en colère avec Habré que le Libyen a envoyé des armes à la faction anti-Habré du colonel Wadel Abdelkader Kamougué dans le sud, même si Kamougué était également anti-libyen.

Lors de la deuxième conférence à Kano, Habré et Goukouni ont été placés sous ce qui équivalait à l'arrestation à domicile, de sorte que le Nigeria pourrait promouvoir les chances d'un leader Kanembu, Lol Mahamat Choua.

En fait, l'appui nigérian a fait de Choua le chef d'Etat titulaire tchadien pendant quelques semaines, même si sa Troisième Armée de Libération n'était que fantôme, et son soutien politique interne était insignifiant.

Au Tchad, les parties belligérantes ont utilisé les conférences et leurs trêves associées pour remettre une série de combats.

Goukouni devient chef du GUNT

La conférence finale a culminé avec l'Accord de Lagos du 21 août 1979, signé par les représentants de onze factions tchadiennes et les ministres des Affaires étrangères de neuf autres Etats africains.

L'Accord de Lagos a établi les procédures pour la mise en place du Gouvernement de transition de l'unité nationale, qui a pris ses fonctions en novembre.

D'un commun accord, Goukouni a été nommé président, Kamougué a été nommé vice-président, et Habré a été nommé ministre de la défense nationale, des vétérans et des victimes de guerre.

La répartition des positions du cabinet a été équilibrée entre le sud (onze portefeuilles), le nord, le centre et l'est (treize), et parmi les protégés des États voisins.

Une mission de maintien de la paix de l'Organisation de l'unité africaine (OUA), qui doit être constituée de troupes de la République du Congo, de la Guinée et du Bénin, devait remplacer les Français. Cette force ne s'est jamais matérialisée dans un sens efficace, mais l'OUA s'est engagée avec le GUNT sous la présidence de Goukouni.

Le GUNT, cependant, a échoué. Ses principaux participants se sont profondément méfiés l'un de l'autre et n'ont jamais obtenu un sentiment de cohérence.

En conséquence, les différentes milices factionnelles sont restées armées.

En janvier 1980, une unité de l'armée de Habré attaquait les forces d'un des groupes constitutifs du GUNT dans la préfecture de Ouaddaï.

Peu de temps après, N'Djamena plongea dans un autre cycle de violence et, à la fin de mars 1980, Habré défia ouvertement le gouvernement, ayant pris le contrôle d'une partie de la capitale.

Les 600 soldats congolais de la force de maintien de la paix de l'OUA sont restés à l'écart de la mêlée, tout comme les Français, tandis que les unités de cinq armées tchadiennes séparées parcourent les rues de N'Djamena.

Les batailles se sont poursuivies tout au long de l'été, ponctuées de plus d'efforts de médiation de l'OUA et de cinq cessez-le-feu formels.

C'était devenu évident que la profonde rivalité entre Goukouni et Habré se trouvait au cœur du conflit. Vers le milieu de 1980, le sud coupé de la communication et du commerce avec N'Djamena et défendu par une armée Sudiste regroupée, était devenu un État dans un État.

Le colonel Kamougué, l'homme fort du sud, a maintenu une distance prudente de la capitale et a attendu pour négocier avec n'importe quel nordiste.

Intervention libyenne

En 1980, Goukouni assiégé s'est tourné vers la Libye, comme il l'avait fait quatre ans plus tôt. Les forces françaises étant partis à la mi-mai 1980, Goukouni signe un traité de coopération militaire avec la Libye en juin (sans l'approbation préalable du GUNT).

En octobre, il demande l'aide militaire directe de Kadhafi et, en décembre, les forces libyennes exerceront un contrôle ferme sur la capitale et sur la plupart des autres centres urbains situés à l'extérieur du sud. Habré s'enfuit au Soudan, jurant de reprendre la lutte.

Bien que l'intervention libyenne ait permis à Goukouni de gagner militairement, l'association avec Kadhafi a créé des problèmes diplomatiques au GUNT. En janvier 1981, lorsque Goukouni et Kadhafi ont publié un communiqué conjoint indiquant que le Tchad et la Libye avaient accepté de «travailler à la réalisation de l'unité totale entre les deux pays», un tumulte international s'ensuivit.

Bien que les deux dirigeants aient plus tard nié toute intention de fusionner leurs états politiquement, le dommage diplomatique avait été fait.

Tout au long de l'année 1981, la plupart des membres de l'OUA, avec la France et les États-Unis, ont encouragé les troupes libyennes à se retirer du Tchad.

Une semaine après le «communiqué de l'unité», le Comité de l'OUA sur le Tchad s'est réuni au Togo pour évaluer la situation.

Dans une résolution étonnamment brutale, les douze États membres du comité ont dénoncé le but du syndicat en violation de l'Accord de Lagos de 1979, ont appelé la Libye à retirer ses troupes et promis de fournir une unité de maintien de la paix, la Force interafricaine.

Goukouni était sceptique face aux promesses de l'OUA, mais en septembre, il a reçu un gage français de soutien à son gouvernement et à la Force interafricaine.

Pendant que les relations de Goukouni avec l'OUA et la France s'amélioraient, ses liens avec la Libye se détérioraient.

L'une des raisons de cette détérioration était l'aide économique promise par la Libye qui ne s'était jamais concrétisée. Un autre facteur, et peut-être plus significatif, était le fait que Kadhafi était fortement soupçonné d'aider le rival de Goukouni au sein de GUNT, Acyl Ahmat, chef du Conseil Révolutionnaire Démocratique (CDR).

Habré et Goukouni craignaient Acyl parce que lui et beaucoup de membres du CDR étaient des Arabes de la tribu Awlad Sulayman.

Environ 150 ans plus tôt, ce groupe avait migré de la Libye au Tchad et représentait ainsi la base historique et culturelle des revendications libyennes au Tchad.

Conflit tchado-libyen

Le conflit tchado-libyen a été une série d'affrontements sporadiques entre 1978 et 1987 entre les forces libyennes et tchadiennes.

La Libye avait été impliquée dans les affaires intérieures du Tchad avant 1978 et avant la montée de Mouammar Kadhafi au pouvoir en Libye en 1969, en commençant par l'extension de la guerre civile tchadienne au nord en 1968.

Le conflit a été marqué par une série de quatre interventions distinctes en Libye au Tchad, qui ont eu lieu en 1978, 1979, 1980-1981 et 1983-1987.

Dans toutes ces occasions, Kadhafi avait le soutien d'un certain nombre de factions participant à la guerre civile, tandis que les opposants de la Libye ont trouvé le soutien du gouvernement français, qui est intervenu militairement pour sauver le gouvernement tchadien en 1978, 1983 et 1986.

Le modèle de la guerre se délimita en 1978, les Libyens fournissant l'armure, l'artillerie et le soutien aérien. Ce modèle a été radicalement modifié en 1986, vers la fin de la guerre, lorsque la plupart des forces tchadiennes se sont unies pour s'opposer à l'occupation libyenne du nord du Tchad avec un degré d'unité jamais vu au Tchad.

Cela privait les forces libyennes de leur infanterie habituelle, exactement quand elles se trouvaient confrontées à une armée mobile, bien munie maintenant de missiles antichar et anti-aérien, annulant ainsi la supériorité libyenne en puissance de feu.

Ce qui suivit fut la guerre de Toyota, dans laquelle les forces libyennes furent acheminées et expulsées du Tchad, mettant fin au conflit.

Kadhafi avait d'abord l'intention d'annexer la bande d'Aouzou, la partie la plus septentrionale du Tchad, qu'il revendiquait comme faisant partie de la Libye sur la base d'un traité non ratifié de la période coloniale.

Occupation de la bande d'Aouzou

La participation libyenne au Tchad pourrait avoir commencé en 1968, au cours de la guerre civile tchadienne, lorsque le Front de libération nationale musulmane (FROLINAT) a étendu sa guérilla contre le président chrétien François Tombalbaye au nord de la préfecture de Borkou-Ennedi-Tibesti (BET).

Idris, le roi de la Libye, s'était senti obligé de soutenir le FROLINAT en raison des liens étroits existant depuis longtemps entre les deux côtés de la frontière entre la Libye et la Tchad.

Tout cela a changé avec le coup d'état libyen du 1er septembre 1969 qui a déposé Idris et amené Mouammar Kadhafi au pouvoir. Kadhafi a revendiqué la bande d'Aouzou dans le nord du Tchad, faisant référence à un traité non ratifié signé en 1935 par l'Italie et la France.

Ces revendications avaient déjà été faites lorsque, en 1954, Idris avait tenté d'occuper Aouzou, mais ses troupes ont été repoussées par les forces coloniales françaises.

Bien qu'initialement méfiant du FROLINAT, Kadhafi avait décidé en 1970 que l'organisation serait utile à ses besoins.

Avec l'appui des pays du bloc soviétique, en particulier de l'Allemagne de l'Est, il a formé et armé les insurgés et leur a fourni des armes et du financement. Le 27 août 1971, le Tchad a accusé l'Egypte et la Libye de soutenir un coup contre le président Tombalbaye par des Tchadiens récemment amnistiés.

Le jour de l'échec du coup d'Etat, Tombalbaye a coupé toutes les relations diplomatiques avec la Libye et l'Egypte, a invité tous les groupes d'opposition libyens à se baser au Tchad et a commencé à déposer des revendications au Fezzan sur des "droits historiques".

La réponse de Kadhafi fut de reconnaître officiellement le 17 septembre le FROLINAT comme le seul gouvernement légitime du Tchad.

En octobre, le ministre tchadien des Affaires étrangères Baba Hassan a dénoncé les "idées expansionnistes" de la Libye aux Nations Unies.

A la suite de la pression française sur la Libye et de la médiation du président nigérien Hamani Diori, les deux pays ont repris leurs relations diplomatiques le 17 avril 1972.

Peu de temps après, Tombalbaye a rompu les relations diplomatiques avec Israël et aurait secrètement voulu le 28 novembre céder la bande d'Aouzou. En échange, Kadhafi a promis 40 millions de livres au président tchadien et les deux pays ont signé un traité d'amitié en décembre 1972.

Kadhafi a retiré son soutien officiel au FROLINAT et obligé son chef Abba Siddick à déménager son quartier général de Tripoli à Alger.

De bonnes relations ont été confirmées dans les années suivantes, avec Kadhafi visitant la capitale tchadienne N'Djamena en mars 1974; dans le même mois, une banque commune a été créée pour fournir au Tchad des fonds d'investissement.

Six mois après la signature du traité de 1972, les troupes libyennes se sont installées dans la bande et ont établi une base aérienne juste au nord d'Aouzou, protégée par des missiles sol-air.

Une administration civile fut créée, rattachée à Kufra, et la citoyenneté libyenne fut étendue aux quelques milliers d'habitants de la région.

L'existence d'un accord secret entre Tombalbaye et Kadhafi n'a été révélée qu'en 1988, lorsque le président libyen a présenté une copie présumée d'une lettre dans laquelle Tombalbaye reconnaît les revendications libyennes.

Mais il n'y avait jamais eu d'accord formel et Tombalbaye avait jugé opportun de ne pas mentionner l'occupation d'une partie de son pays.

La Libye n'a pas pu présenter l'original de l'accord lorsque l'affaire de la bande d'Aouzou a été portée devant la Cour internationale de Justice (CIJ) en 1993.

Expansion de l'insurrection

Le rapprochement ne devait pas durer longtemps, car le 13 avril 1975 un coup d'État effaçait Tombalbaye et le remplaçait par le général Félix Malloum.

Comme le coup d'Etat était en partie motivé par l'opposition à l'apaisement de Tombalbaye sur la Libye, Kadhafi l'avait considéré comme une menace à son influence et avait repris l'approvisionnement du FROLINAT.

En avril 1976, il y a eu une tentative d'assassinat sur Malloum soutenue par Kadhafi, et la même année les troupes libyennes ont commencé à faire des incursions dans le centre du Tchad en compagnie des forces du FROLINAT.

L'activisme libyen a commencé à susciter des inquiétudes dans la faction au FROLINAT qui s'était divisé avec le Conseil de Commandement des Forces Armées du Nord (CCFAN).

Les insurgés se sont partagés sur la question du soutien libyen en octobre 1976, une minorité ayant quitté la milice et formant les Forces armées du Nord (FAN), dirigée par l'anti-Libyen Hissène Habré.

La majorité, disposée à accepter une alliance avec Kadhafi, était commandée par Goukouni Oueddei. Ce dernier groupe se rebaptisa bientôt Forces armées populaires (FAP).

Dans ces années, le soutien de Kadhafi avait été la plupart du temps morale, avec seulement un approvisionnement limité d'armes.

Tout cela a commencé à changer en février 1977, quand les Libyens ont fourni aux hommes de

Goukouni des centaines de fusils d'assaut AK-47, des dizaines de RPG, des mortiers de 81 et 82mm et des canons.

Armés de ces armes, le FAP a attaqué en juin les bastions des Forces armées tchadiennes (FAT) de Bardaï et Zouar dans le Tibesti et de Ounianga Kébir à Borkou.

Goukouni a assumé avec cette attaque le plein contrôle du Tibesti, parce que Bardaï, assiégé depuis le 22 juin, s'est rendu le 4 juillet, tandis que Zouar a été évacué.

Le FAT a perdu 300 hommes, et des tas d'approvisionnements militaires sont tombés entre les mains des rebelles.

Ounianga a été attaqué le 20 juin, mais a été sauvé par les conseillers militaires français présents là-bas.

Comme c'était devenu évident que la bande d'Aouzou était utilisée par la Libye comme base pour une implication plus profonde au Tchad, Malloum décida de porter la question de l'occupation de la bande devant l'ONU et l'Organisation de l'unité africaine (OUA).

Malloum a également décidé qu'il avait besoin de nouveaux alliés; Il a négocié une alliance formelle avec Habré, l'Accord de Khartoum, en septembre.

Cet accord a été gardé secret jusqu'au 22 janvier, date de la signature d'une charte fondamentale, à la suite de laquelle un gouvernement d'union national a été formé le 29 août 1978 avec Habré en tant que premier ministre.

L'accord de Malloum-Habré a été activement encouragé par le Soudan et l'Arabie Saoudite, qui craignaient un Chad radical contrôlé par Kadhafi.

Les deux nations ont vu dans Habré, avec ses bons pouvoirs musulmans et anticolonialistes, la seule chance de contrecarrer les plans de Kadhafi.

Intervention de la Libye

Dès le début, Habré s'est isolé des autres membres du GUNT, qu'il a traités avec dédain.

L'hostilité de Habré pour l'influence de la Libye au Tchad s'unit à son ambition. Le seigneur de guerre ne se contenterait jamais de rien de moins que le plus haut poste. On pensait que, tôt ou tard, se produirait un affrontement armé entre Habré et les factions pro-libyennes et, plus important encore, entre Habré et Goukouni.

Les affrontements dans la capitale entre le FAN de Habré et les groupes pro-libyens sont devenus de plus en plus graves.

Le 22 mars 1980, un incident mineur, comme en 1979, déclencha la deuxième bataille de N'Djamena.

En dix jours, les affrontements entre le FAN et le FAP de Goukouni, qui comptaient entre 1 000 et 1 500 soldats dans la ville, ont causé des milliers de pertes et la fuite d'environ la moitié de la population de la capitale.

Les quelques troupes françaises restantes, qui sont partis le 4 mai, se sont proclamées neutres, tout comme la force de paix.

Alors que le FAN a été fourni économiquement et militairement par le Soudan et l'Égypte, Goukouni a reçu l'appui armé du FAT de Kamougué et du CDR d'Acyl, peu de temps après le début de la bataille, et a reçu l'artillerie libyenne.

Le 6 juin, le FAN a pris le contrôle de la ville de Faya. Cela a alarmé Goukouni, et il a signé, le 15 juin, un Traité d'Amitié avec la Libye. Le traité a donné libre cours à la Libye au Tchad, légitimant sa présence dans ce pays; le premier article du traité engageait les deux pays à se défendre mutuellement.

À partir d'octobre, des troupes libyennes, dirigées par Khalifa Haftar et Ahmed Oun, transportées par avion vers la bande d'Aouzou, ont opéré en conjonction avec les forces de Goukouni pour réoccuper Faya.

La ville a ensuite servi de point de rassemblement pour les chars, l'artillerie et les véhicules blindés qui se sont déplacés vers le sud sur la capitale de N'Djamena.

Une attaque lancée le 6 décembre, menée par les chars soviétiques T-54 et T-55, et coordonnée par des conseillers de l'Union soviétique et de l'Allemagne de l'Est, a provoqué la chute de la capitale le 16 décembre.

La force libyenne, comptant entre 7 000 et 9 000 hommes d'unités régulières, 60 chars et autres véhicules blindés, avait été transportée sur 1 100 kilomètres de désert sur la frontière méridionale de Libye.

La frontière elle-même était de 1 000 à 1 100 kilomètres des principales bases de la Libye sur la côte méditerranéenne. L'intervention libyenne a démontré une capacité logistique impressionnante, et a fourni à Kadhafi sa première victoire militaire et une réalisation politique substantielle.

Alors qu'il était forcé en exil et que ses forces se trouvaient confinées dans les zones frontalières du Darfour, Habré restait défiant.

Le 31 décembre, il annonçait à Dakar qu'il reprendrait les combats en guérilla contre le GUNT.

Retrait libyen

Le 6 janvier 1981, un communiqué conjoint a été publié à Tripoli par Kadhafi et Goukouni selon lequel la Libye et le Tchad avaient décidé «de travailler à la pleine unité entre les deux pays».

Le plan de fusion a provoqué de fortes réactions négatives en Afrique et a été immédiatement condamné par la France qui, le 11 janvier, a proposé de renforcer ses garnisons dans les États africains amis.

La Libye a répondu en menaçant d'imposer un embargo sur le pétrole, tandis que la France menaçait de réagir si la Libye attaquait un autre pays limitrophe.

Tous les ministres du GUNT présents à Tripoli, à l'exception d'Acyl, se sont également opposés à l'accord.

La raison de l'acceptation de l'accord peut être trouvée dans un mélange de menaces, la pression intense et l'aide financière promise par Kadhafi.

Juste avant sa visite dans la capitale libyenne, Goukouni avait envoyé deux de ses commandants en Libye pour des consultations.

En réponse à l'augmentation de la pression internationale, Goukouni a déclaré que les forces libyennes étaient au Tchad par demande du gouvernement, et que les médiateurs internationaux devraient accepter la décision du gouvernement légitime du Tchad.

Lors d'une réunion tenue en mai, Goukouni est devenu plus accommodant, déclarant que si le retrait libyen n'était pas une priorité, il accepterait les décisions de l'OUA.

Goukouni ne pouvait à l'époque renoncer au soutien militaire libyen, nécessaire pour s'occuper du FAN de Habré, soutenu par l'Égypte et le Soudan.

Les relations entre Goukouni et Kadhafi ont commencé à se détériorer. Les troupes libyennes ont été stationnées dans divers points du nord et du centre du Tchad.

Ces forces ont créé une gêne considérable dans le GUNT en soutenant la faction d'Acyl dans ses différends avec les autres milices.

Il y eut aussi des tentatives de libyanisation de la population locale, ce qui a permis de conclure que l'unification de la Libye signifiait l'arabisation et l'imposition de la culture politique libyenne, en particulier du Livre Vert de Kadhafi.

Au cours des combats entre les légionnaires islamiques de Kadhafi et les troupes tchadienne, Goukouni avait exigé le retrait complet et sans équivoque des forces libyennes du territoire.

Les Libyens devaient être remplacés par une Force Interafricaine de l'OUA. Kadhafi a respecté, et avant le 16 novembre toutes les forces libyennes avaient quitté le Tchad.

L'une des raisons était le désir de Kadhafi d'accueillir la conférence annuelle de l'OUA en 1982 et d'assumer la présidence de l'organisation.

Kadhafi n'a pas renoncé aux objectifs qu'il avait fixés pour le Tchad, mais il avait dû trouver un nouveau leader tchadien, comme Goukouni s'était avéré non fiable.

Habré prend N'Djamena

La première composante des forces africaine à arriver au Tchad était les parachutistes zaïrois; ils ont été suivis par les forces nigérianes et sénégalaises, portant la force militaire à 3 275 hommes.

Avant que la force de maintien de la paix ne soit entièrement déployée, Habré avait déjà profité du retrait de la Libye et fait des incursions massives dans l'est du Tchad, y compris dans l'importante ville d'Abéché, tombée le 19 novembre.

En mai 1982, les FAN ont commencé une offensive finale, passant sans entrave par les Casques bleus à Ati et Mongo.

Goukouni, de plus en plus en colère avec le refus des forces africaines de combattre Habré, a tenté de restaurer ses relations avec la Libye, et a atteint Tripoli le 23 mai.

Kadhafi, cependant, basé sur son expérience de l'année précédente, a voulu que la Libye reste neutre dans la guerre civile.

Les forces du GUNT ont fait une dernière étape à Massaguet (80 kilomètres au nord de la capitale), mais ont été défait par les FAN le 5 juin après une bataille difficile.

Deux jours plus tard, Habré est entré à N'Djamena sans opposition, pour devenir le président du Tchad, tandis que Goukouni fui le pays en cherchant refuge au Cameroun.

Après avoir occupé la capitale, Habré a consolidé son pouvoir en occupant le reste du pays.

En à peine six semaines, il a conquis le sud du Tchad, détruisant la milice de Kamougué; les espoirs Kamougué pour l'aide libyenne ne se sont pas concrétisés.

Le reste du pays fut conquis, à l'exception du Tibesti.

Offensive du GUNT

Etant donné que Kadhafi avait gardé sa plus grande distance dans les mois précédant la chute de N'Djamena, Habré espérait parvenir à une entente avec la Libye, peut-être grâce à un accord avec Acyl, qui semblait être réceptif au dialogue.

Mais Acyl est décédé le 19 juillet, remplacé par Acheikh ibn Oumar, et le CDR a été contrarié par l'empressement de Habré à unifier le pays, ce qui l'a conduit à envahir les domaines de la CDR.

Pour la lutte imminente, Goukouni pouvait compter sur 3.000 à 4.000 hommes pris de plusieurs milices, puis fusionné dans une Armée

Nationale de Libération (ANL) sous le commandement d'un Sudiste, Negue Djogo.

Avant que Kadhafi ne pousse tout son poids derrière Goukouni, Habré attaqua le GUNT dans le Tibesti, mais fut repoussé en décembre 1982 et en janvier 1983.

Les mois suivants, les affrontements s'intensifiaient dans le Nord.

Le 17 mars, Habré a porté le conflit devant l'ONU, demandant une réunion urgente du Conseil de sécurité de l'ONU pour considérer l'agression et l'occupation de la Libye sur le territoire tchadien.

Kadhafi était maintenant prêt pour une offensive.

L'offensive décisive a commencé en juin, quand une force du GUNT de 3 000 hommes a investi Faya-Largeau, le principal fief du gouvernement dans le Nord, qui a chuté le 25 juin.

La force GUNT s'est rapidement dirigée vers Koro Toro, Oum Chalouba et Abéché, en assumant le contrôle des principales routes vers N'Djamena.

La Libye, tout en aidant à recruter, à former et à fournir au GUNT de l'artillerie lourde, n'a engagé que quelques milliers de soldats réguliers à l'offensive, et la plupart d'entre eux étaient des unités d'artillerie et de logistique.

Cela était peut-être dû au désir de Kadhafi que le conflit soit lu comme une affaire intérieure tchadienne.

Intervention française

Sentant que la destruction complète du GUNT serait un coup intolérable pour son prestige, et craignant que Habré soutienne toute opposition à Kadhafi, le colonel a appelé à une intervention libyenne en force, ses alliés tchadiens n'ayant pu obtenir une victoire définitive sans l'armement libyen et la puissance aérienne.

Au lendemain de la chute de la ville, Faya-Largeau a été soumise à un bombardement aérien soutenu, en utilisant des avions militaires de la base aérienne d'Aouzou.

En dix jours, une grande force au sol avait été assemblée à l'est et à l'ouest de Faya-Largeau en transportant d'abord des hommes, des armes et de l'artillerie par avion jusqu'à Sabha,

Koufra et l'aérodrome d'Aouzou, puis par des avions de transport à plus courte distance jusqu'à la zone de conflit. Les forces libyennes fraîches se sont élevées à 11 000 soldats et quatre-vingts avions de combat ont participé à l'offensive; Cependant, les Libyens ont maintenu leur rôle traditionnel de fournir l'appui de feu, et des frais de chars occasionnels, pour les assauts du GUNT, qui pouvait compter sur 4.000 hommes à cette occasion.

L'alliance GUNT-Libye a investi le 10 août l'oasis de Faya-Largeau, où Habré s'était retranché avec environ 5000 soldats.

Battu par plusieurs lance-roquettes, feu d'artillerie et de chars et attaques aériennes continues, la ligne défensive du FANT s'est désintégrée lorsque le GUNT a lancé l'assaut final, laissant 700 soldats FANT sur le terrain.

Habré s'est échappé avec les restes de son armée sans être poursuivi par les Libyens.

C'était pour prouver une tache tactique, comme la nouvelle intervention libyenne avait alarmé la France.

Habré a lancé un nouveau plaidoyer pour l'assistance militaire française le 6 août.

La France, due également aux pressions américaines et africaines, a annoncé le 6 août le retour des troupes françaises au Tchad dans le cadre de l'opération Manta, destinée à arrêter l'avancée du GUNT et à affaiblir l'influence de Kadhafi dans les affaires intérieures du Tchad.

Trois jours plus tard, plusieurs centaines de troupes françaises furent envoyées à N'Djamena de la République centrafricaine, avec plusieurs escadrons de chasseurs-bombardiers Jaguar.

Cela en fait la plus grande force expéditionnaire jamais assemblée par les Français en Afrique en dehors de la guerre d'Algérie.

Le gouvernement français a ensuite défini une limite (la ligne rouge) le long du 15e parallèle, s'étendant de Mao à Abéché, et a averti qu'ils ne toléreraient aucune incursion au sud de cette ligne par les forces libyennes ou GUNT.

Les Libyens et les Français sont restés de leur côté, la France se montrant peu disposée à aider Habré à reprendre le nord, tandis que les Libyens évitent de lancer un conflit avec la France en attaquant la ligne.

Retrait français

Pour mettre fin à l'impasse, Kadhafi a proposé le 30 avril un retrait mutuel des forces françaises et libyennes au Tchad.

Le président français François Mitterrand s'est montré réceptif à l'offre et, le 17 septembre, les deux dirigeants ont annoncé publiquement que le retrait mutuel commencerait le 25 septembre et serait achevé le 10 novembre.

L'accord a été d'abord salué comme une preuve de la compétence diplomatique de Mitterrand et un progrès décisif vers la solution de la crise tchadienne; il a également démontré l'intention de Mitterrand de suivre une politique étrangère indépendante.

Alors que la France respectait la date limite, les Libyens se limitaient à retirer certaines forces, tout en maintenant au moins 3 000 hommes stationnés dans le nord du Tchad.

Le 16 novembre, Mitterrand a rencontré Kadhafi sur la Crète, sous les auspices du Premier ministre grec Papandreou.

Malgré la déclaration de Kadhafi selon laquelle toutes les forces libyennes avaient été retirées, le lendemain Mitterrand a admis que ce n'était pas vrai.

Cependant, il n'a pas ordonné le retour des troupes françaises au Tchad.

Nouvelle intervention française

Au cours de la période de 1984 à 1986, où aucun affrontement majeur n'a eu lieu, Habré a grandement renforcé sa position grâce au soutien inconditionnel des États-Unis et au refus de la Libye de respecter l'accord franco-libyen de 1984.

Au cours de cette période, Kadhafi a étendu son contrôle sur le nord du Tchad, construisant de nouvelles routes et érigeant une nouvelle base aérienne majeure, Ouadi Doum, destinée à mieux soutenir les opérations aériennes et terrestres au-delà de la bande d'Aouzou.

Il a également apporté des renforts considérables en 1985, portant les forces libyennes dans le pays à 7 000 soldats, 300 chars et 60 avions de combat.

Tandis que cette accumulation a eu lieu, des éléments importants du GUNT ont été transmis au gouvernement Habré, dans le cadre de la politique de ce dernier.

Ces désertions ont alarmé Kadhafi, car le GUNT a fourni une couverture de légitimité à la présence libyenne au Tchad.

Pour mettre un terme et réunir le GUNT, une offensive majeure a été lancée sur la Ligne Rouge avec l'objectif de prendre N'Djamena.

L'attaque qui a commencée le 10 février 1986, impliquait 5 000 soldats libyens et se concentrait sur les avant-postes FANT de Kouba Olanga, Kalait et Oum Chalouba.

La campagne s'est terminée en désastre pour Kadhafi, alors qu'une contre-offensive FANT du

13 février utilisant le nouvel équipement obtenu des Français a forcé les attaquants à se retirer et à se réorganiser.

Le plus important était la réaction française à l'attaque. Kadhafi avait peut-être cru qu'en raison des prochaines élections législatives françaises, que Mitterrand serait réticent à lancer une nouvelle expédition risquée et coûteuse pour sauver Habré; cette évaluation s'est révélée erronée, car ce que le président français ne pouvait pas risquer politiquement était de montrer sa faiblesse face à l'agression libyenne.

En conséquence, le 14 février, l'Opération Epervier a été lancée, apportant 1 200 soldats français et plusieurs escadrons de Jaguars au Tchad.

Le 16 février, pour envoyer un message clair à Kadhafi, l'armée de l'air française a bombardé la base aérienne libyenne de Ouadi Doum.

La Libye a riposté le lendemain quand un Tu-22 libyen a bombardé l'aéroport de N'Djamena, causant des dommages minimes.

Guerre de Tibesti

Les défaites subies en février et mars ont accéléré la désintégration du GUNT. Lorsqu'en mars, lors d'une nouvelle série de pourparlers organisés par l'OUA en République populaire du Congo, Goukouni n'a pas comparu, beaucoup ont soupçonné la main de la Libye.

Ces soupçons ont provoqué la défection du GUNT, de son vice-président Kamougué.

En août, c'est au tour du CDR de quitter la coalition, de s'emparer de la ville de Fada.

Quand en octobre le FAP de Goukouni a tenté de reprendre Fada, la garnison libyenne a attaqué les troupes de Goukouni, cédant la place à une bataille rangée qui a effectivement mis fin au GUNT.

Le même mois, Goukouni fut arrêté par les Libyens, tandis que ses troupes se rebellèrent contre Kadhafi, délogèrent les Libyens de toutes leurs positions dans le Tibesti et passèrent le 24 octobre à Habré.

Pour rétablir leurs lignes d'approvisionnement et reprendre les villes de Bardaï, Zouar et Wour, les Libyens ont envoyé un groupe de travail de 2.000 soldats avec des chars T-62 et un fort appui de l'armée de l'air libyenne dans le Tibesti.

L'offensive a commencé avec succès, expulsant le GUNT de ses bastions clés.

Cette attaque a finalement échoué, provoquant la prompte réaction de Habré, qui a envoyé 2 000 soldats FANT se relier aux forces GUNT.

Aussi Mitterrand a réagi avec force, en ordonnant une mission qui a parachuté le carburant, la nourriture, les munitions et les missiles aux rebelles, et a également infiltré le personnel militaire.

Par cette action, les Français ont clairement indiqué qu'ils ne se sentaient plus voués à rester au sud de la Ligne Rouge et qu'ils étaient prêts à agir chaque fois qu'ils le jugeaient nécessaire.

Alors que militairement Habré avait seulement partiellement réussi d'expulser les Libyens du Tibesti (les Libyens quitteront pleinement la région en mars), la campagne a été stratégique pour le FANT qui a transformé la guerre civile en une guerre nationale contre un envahisseur étranger, stimulant un sentiment d'unité nationale qui n'avait jamais été vu au Tchad.

Guerre des Toyota

En 1987, dernière année de la guerre, le corps expéditionnaire libyen était toujours impressionnant, comptant 8 000 hommes et 300 chars.

Cependant, il avait perdu le soutien clé de ses alliés tchadiens, qui fournissaient généralement des informations. Sans eux, les garnisons libyennes ressemblaient à des îles isolées et vulnérables dans le désert tchadien.

De l'autre côté, le FANT a été considérablement renforcé, ayant maintenant 10 000 troupes très motivées, équipées de camions Toyota rapides adaptés au sable et équipés de missiles anti-char. Ces camions ont porté le nom de "Toyota de Guerre" à la dernière phase du conflit.

Habré a commencé, le 2 janvier 1987, sa reconquête du nord du Tchad avec une attaque réussie contre la base de communication libyenne bien défendue de Fada.

Contre l'armée libyenne, le commandant tchadien Hassan Djamous a mené une série de mouvements rapides, enveloppant les positions libyennes en les écrasant par des attaques soudaines de tous côtés.

Cette stratégie a été répétée par Djamous en mars dans les batailles de B'ir Kora et Ouadi Doum, infligeant des pertes écrasantes et obligeant Kadhafi à évacuer le nord du Tchad.

Cela a mis en danger le contrôle libyen sur la bande d'Aouzou et Aouzou est tombé en août.

Habré a rapidement répondu à cet échec avec la première incursion tchadienne en territoire libyen le 5 septembre en contrôlant la base aérienne principale de Maaten al-Sarra.

Cette attaque faisait partie d'un plan visant à supprimer la menace de la puissance aérienne libyenne avant une nouvelle offensive sur Aouzou.

L'attaque projetée sur Aouzou n'a jamais eu lieu, car les dimensions de la victoire obtenue à Maaten ont fait craindre la France.

Quant à Kadhafi, soumis à des pressions internes et internationales, il s'est montré plus conciliant, ce qui a conduit à un cessez-le-feu négocié par l'OUA le 11 septembre.

Conséquences

Bien qu'il y ait eu de nombreuses violations du cessez-le-feu, les incidents ont été relativement mineurs.

Les deux gouvernements ont immédiatement entrepris des manœuvres diplomatiques complexes pour amener l'opinion mondiale de leur côté au cas où, comme on s'y attendait largement, le conflit recommencerait. Cependant, les deux parties ont également pris soin de laisser la porte ouverte pour une solution pacifique.

De façon constante, les relations entre les deux pays se sont améliorées, avec Kadhafi donnant des signes qu'il voulait normaliser ses relations avec le gouvernement tchadien, au point de reconnaître que la guerre avait été une erreur.

En mai 1988, le dirigeant libyen a déclaré qu'il reconnaîtrait Habré comme le président légitime du Tchad; ce qui a conduit le 3 octobre à la reprise des relations diplomatiques entre les deux pays.

L'année suivante, le 31 août 1989, des représentants tchadiens et libyens se sont réunis à Alger pour négocier l'Accord-cadre sur le règlement pacifique du différend territorial, par lequel Kadhafi a accepté de discuter avec Habré.

Les relations se sont encore améliorées lorsque Idriss Déby, soutenu par la Libye, a renversé Habré le 2 décembre.

Kadhafi a été le premier chef de l'État à reconnaître le nouveau gouvernement, et il a également signé des traités d'amitié et de coopération à différents niveaux.

En ce qui concerne la bande d'Aouzou, cependant, Déby a suivi son prédécesseur, déclarant que si nécessaire, il lutterait pour garder la bande hors des mains de la Libye.

Le conflit d'Aouzou a été conclu pour de bon le 3 février 1994, lorsque les juges de la Cour pénale internationale (CPI) ont décidé que la bande d'Aouzou appartenait au Tchad.

L'arrêt du tribunal a été mis en œuvre sans retard, les deux parties signant un accord dès le 4 avril concernant les modalités pratiques d'exécution du jugement.

Suivi par les observateurs internationaux, le retrait des troupes libyennes de la bande a commencé le 15 avril et a été achevé le 10 mai.

Le transfert formel et définitif de la Bande de la Libye au Tchad a eu lieu le 30 mai, date à laquelle les parties ont signé une déclaration conjointe déclarant que le retrait libyen avait été effectué.

Mouammar Kadhafi a été irrité par la contre-attaque dévastatrice sur la Libye et la défaite consécutive à la bataille de Maaten al-Sarra.

Forcé d'adhérer à un cessez-le-feu, la défaite met fin à ses projets expansionnistes vers le Tchad et ses rêves de domination africaine et arabe.

Compte tenu de l'intervention française au Tchad et de la fourniture par les États-Unis d'informations satellitaires pendant la bataille de Maaten al-Sarra, Kadhafi a blâmé la défaite de la Libye sur l'agression française et américaine contre la Libye.

Habré renverse Goukouni

À la suite du conflit entre la Libye et le Tchad, Goukouni a demandé aux forces libyennes de quitter la Libye à la fin du mois d'octobre et, à la mi-novembre, elles se sont conformées.

Leur départ, cependant, a permis au FAN de Habré reconstitué dans l'est du Tchad avec l'aide égyptienne et soudanaise, de gagner des positions clés le long de la route d'Abéché à N'Djamena.

Habré n'a été retenu que par l'arrivée et le déploiement, en décembre 1981, de quelque 4 800 soldats de l'armée de l'air du Nigéria, du Sénégal et du Zaïre.

En février 1982, une réunion spéciale de l'OUA à Nairobi a abouti à un plan prévoyant un cessez-le-feu, des négociations entre toutes les parties, des élections et le départ de la force africaine; tous les termes devaient être exécutés dans un délai de six mois.

Habré a accepté le plan, mais Goukouni l'a rejeté, affirmant que Habré avait perdu toute sa légitimité.

Lorsque Habré avance militairement vers N'Djamena, la force africaine reste essentiellement neutre, comme les Français l'avaient fait lorsque le FROLINAT marcha sur Malloum trois ans plus tôt.

Les FAN ont assuré le contrôle de la capitale le 7 juin. Goukouni et d'autres membres du GUNT ont fui au Cameroun et ont éventuellement réapparu en Libye.

Pour le reste de l'année, Habré a consolidé son pouvoir dans une grande partie du Tchad fatigué de la guerre et travaillé pour obtenir la reconnaissance internationale de son gouvernement.

L'ère Habré (1982-1990)

Le retrait partiel de la Libye de la bande d'Aozou au nord du Tchad a permis aux forces de Habré d'entrer à N'Djamena en juin.

Les troupes françaises et une force de maintien de la paix de l'OUA composée de 3 500 troupes nigérianes, sénégalaises et zaïroises (partiellement financées par les États-Unis) sont restées neutres pendant le conflit.

Habré a continué à faire face à l'opposition armée sur différents fronts, et a été brutal dans sa répression des opposants présumés, massacrant et torturant beaucoup pendant son règne.

Au cours de l'été 1983, les forces du GUNT ont lancé une offensive contre des positions gouvernementales dans le nord et l'est du Tchad avec un soutien libyen important.

En réponse à l'intervention directe de la Libye, les forces françaises et zaïroises sont intervenues pour défendre Habré, poussant les forces libyennes et rebelles au nord.

En septembre 1984, les gouvernements français et libyen ont annoncé un accord pour le retrait mutuel de leurs forces du Tchad. À la fin de l'année, toutes les troupes françaises et zaïroises ont été retirées.

La Libye n'a pas honoré l'accord de retrait et ses forces ont continué d'occuper le tiers nord du Tchad.

En 1985, Habré s'est brièvement réconcilié avec certains de ses adversaires, dont le Front démocratique du Tchad (FDT) et le Comité d'action de coordination du Conseil révolutionnaire démocratique.

Goukouni a également commencé à se rallier à Habré, et avec son soutien Habré a réussi à expulser les forces libyennes de la plus grande partie du territoire tchadien.

Un cessez-le-feu entre le Tchad et la Libye a eu lieu de 1987 à 1988 et les négociations menées au cours des prochaines années ont abouti à la décision de 1994 de la CPI d'accorder la souveraineté de la bande d'Aouzou au Tchad.

L'ère Déby

Cependant, la rivalité entre les groupes Hadjerai, Zaghawa et Gorane au sein du gouvernement a augmenté à la fin des années 1980.

En avril 1989, Idriss Déby, l'un des principaux généraux de Habré et un Zaghawa, a défié le pouvoir et fui dans le Darfour au Soudan, où il montera une série d'attaques soutenues par le peuple Zaghawa contre Habré.

En décembre 1990, avec l'aide de la Libye et sans opposition des troupes françaises stationnées au Tchad, les forces de Déby ont réussi à marcher sur N'Djamena.

Après 3 mois de gouvernement provisoire, le Mouvement patriote du salut de Déby (MPS) a approuvé une charte nationale le 28 février 1991, avec Déby comme président.

Au cours des deux prochaines années, Déby a fait face à deux tentatives de coup d'Etat.

Les forces gouvernementales se sont affrontées violemment avec les forces rebelles, notamment le Mouvement pour la démocratie et le développement (MDD), le Comité national de renouveau pour la paix et la démocratie (CSNPD), le Front national tchadien (FNT) et les Forces armées occidentales (FAO), près du lac Tchad et dans le sud du pays.

Plus tôt, les Français ont demandé au pays de tenir une conférence nationale qui a permis de rassembler 750 délégués représentant les partis politiques (qui ont été légalisés en 1992), le gouvernement, les syndicats et l'armée pour discuter de la création d'un régime démocratique pluraliste.

Cependant, l'agitation a continué, provoquée en partie par les massacres à grande échelle de civils dans le sud du Tchad.

Le CSNPD, dirigé par Kette Moise et d'autres groupes du Sud, a conclu un accord de paix avec les forces gouvernementales en 1994.

Des nouveaux groupes, les FARF, dirigés par l'ancien allié de Kette, Laokein Barde, se sont affrontés avec les forces gouvernementales de 1994 à 1995.

Élections multipartites

Les pourparlers avec les opposants politiques au début de 1996 ne se sont pas bien déroulés, mais Déby a annoncé son intention de tenir des élections présidentielles en juin.

Déby a remporté la première élection présidentielle multipartite du pays avec le soutien du leader de l'opposition Kebzabo, en battant le général Kamougue (chef du coup d'état de 1975 contre Tombalbaye).

Le parti MPS de Déby a remporté 63 sièges sur 125 lors des élections législatives de janvier 1997.

Les observateurs internationaux ont noté de nombreuses irrégularités graves dans les procédures électorales présidentielles et législatives.

À la mi-1997, le gouvernement a signé des accords de paix avec les FARF et la direction du

MDD et a réussi à couper les groupes de leurs bases arrière en République centrafricaine et au Cameroun.

Des accords ont également été conclus avec les rebelles du Front national du Tchad (FNT) et du Mouvement pour la justice sociale et la démocratie en octobre 1997.

Cependant, la paix a été de courte durée, alors que les rebelles des FARF se sont affrontés avec les soldats gouvernementaux, Barde a été tué dans les combats, ainsi que des centaines d'autres sudistes, la plupart des civils.

Depuis octobre 1998, les rebelles du mouvement tchadien pour la justice et la démocratie (MDJT), dirigés par Youssouf Togoimi jusqu'à sa mort en septembre 2002, ont échangé des tirs avec les troupes gouvernementales dans la région du Tibesti, entraînant des centaines de victimes civiles, gouvernementales et rebelles.

Déby, au milieu des années 1990, a progressivement rétabli les fonctions de base du gouvernement et a conclu des accords avec la Banque mondiale et le FMI pour mener des réformes économiques substantielles.

L'exploitation du pétrole dans le sud de la région de Doba a débuté en juin 2000, avec l'approbation du Conseil de la Banque mondiale pour financer une petite partie du projet de développement pétrolier tchadien-camerounais visant le transport du pétrole tchadien sur 1000 km.

Le projet a mis en place des mécanismes uniques pour que la Banque mondiale, le secteur privé, le gouvernement et la société civile collaborent afin de garantir que les futurs revenus pétroliers profitent aux populations locales et aboutissent à la réduction de la pauvreté.

Le succès du projet dépendait de multiples efforts de surveillance pour s'assurer que toutes les parties respectent leurs engagements.

Ces mécanismes «uniques» de surveillance et de gestion des recettes ont fait l'objet de critiques intenses dès le début. L'allégement de la dette a été accordé au Tchad en mai 2001.

Déby a remporté une victoire défavorable de 63% en première ronde en mai 2001 après les élections législatives qui ont été reportées au printemps 2002.

Après avoir accusé le gouvernement de fraude, six dirigeants de l'opposition ont été arrêtés (deux fois) et un militant du parti d'opposition a été tué suite à l'annonce de Résultats des élections.

Cependant, en dépit des allégations de corruption gouvernementale, de favoritisme des Zaghawa et d'abus de la part des forces de sécurité, les partis d'opposition et les syndicats ont organisé des grèves générales et des manifestations plus actives contre le gouvernement.

Malgré le mouvement vers une réforme démocratique, le pouvoir reste entre les mains d'une oligarchie ethnique du Nord.

En 2003, le Tchad a commencé à recevoir des réfugiés de la région du Darfour, dans l'ouest du Soudan. Plus de 200 000 réfugiés ont fui les combats entre deux groupes rebelles et les milices appuyées par le gouvernement, connues sous le nom de Janjawid. Un certain nombre d'incidents frontaliers ont mené à la guerre entre le Tchad et le Soudan.

Guerre à l'Est

La guerre a commencé le 23 décembre 2005, lorsque le gouvernement du Tchad a déclaré un état de guerre avec le Soudan et a appelé les citoyens du Tchad à se mobiliser contre l '"ennemi commun" que le gouvernement tchadien considère comme le Rassemblement pour Des militants de la démocratie et de la liberté (RDL), des rebelles tchadiens, soutenus par le gouvernement soudanais et des miliciens soudanais.

Des militants ont attaqué des villages et des villes de l'est du Tchad, volant du bétail, assassinant des citoyens et brûlant des maisons.

Plus de 200 000 réfugiés de la région du Darfour au nord-ouest du Soudan ont demandé l'asile dans l'est du Tchad.

Le président tchadien Idriss Déby accuse le président soudanais Omar el-Béchir d'essayer de déstabiliser son pays, d'entraîner son peuple dans la misère, de créer le désordre et d'exporter la guerre du Darfour vers le Tchad.

Une attaque contre la ville tadjienne d'Adre, près de la frontière soudanaise, a provoqué la mort d'une centaine de rebelles, soit trois cents personnes.

Le gouvernement soudanais a été blâmé pour cette attaque, qui a été la deuxième dans la région en trois jours, mais le ministère soudanais des Affaires étrangères a nié toute implication soudanaise.

Cette attaque a été la dernière goutte qui a mené à la déclaration de guerre par le Tchad et le prétendu déploiement allégué de l'armée de l'air tchadienne dans l'espace aérien soudanais.

Une attaque contre N'Djamena a été battue le 13 avril 2006 lors de la bataille de N'Djamena.

Le 25 novembre 2006, des rebelles ont occupé la ville orientale d'Abéché, capitale de la région de Ouaddaï et centre d'aide humanitaire à la région du Darfour au Soudan.

Le même jour, un autre groupe rebelle séparé avait capturé Biltine.

Le 26 novembre 2006, le gouvernement tchadien a prétendu avoir repris les deux villes, bien que les rebelles réclamassent toujours le contrôle de Biltine.

Des immeubles gouvernementaux et des bureaux d'aide humanitaire à Abéché auraient été pillés.

Le gouvernement tchadien a nié l'avertissement lancé par l'ambassade de France à N'Djamena qu'un groupe de rebelles traversait la préfecture de Batha au centre du Tchad. Le Tchad insistait sur le fait que les deux groupes rebelles étaient soutenus par le gouvernement soudanais.

Guerre civile tchadienne (2005-2010)

La plus récente guerre civile tchadienne a commencé en décembre 2005. Depuis son indépendance de la France en 1960, le Tchad a été submergé par la guerre civile entre les arabes musulmans du nord et les chrétiens subsahariens du sud.

En conséquence, le leadership et la présidence au Tchad dérivaient en va-et-vient entre les chrétiens du sud et les musulmans du Nord. Quand un côté était au pouvoir, l'autre partie commençait automatiquement une guerre révolutionnaire pour s'y opposer.

La France, l'ancienne puissance coloniale, et la Libye, la voisine du nord du Tchad, se sont impliquées à différents moments de la guerre civile.

Au milieu des années 1990, la guerre civile s'est quelque peu stabilisée et, en 1996, Idriss Déby, nordiste, a été confirmé président avec les premières élections démocratiques du Tchad.

En 1998, une rébellion armée a commencé dans le nord, menée par l'ancien ministre de la défense du président Déby, Youssouf Togoimi.

Un accord de paix libyen en 2002 n'a pas permis de mettre fin aux combats. En 2003, les conflits dans la région voisine du Darfour au Soudan ont infiltré la frontière au Tchad.

Les réfugiés soudanais ont été rejoints par des civils tchadiens qui essayaient d'échapper à la violence des rebelles et finirent par remplir les camps. Il est clair que les rebelles du Tchad ont reçu des armes et l'aide du gouvernement du Soudan.

En même temps, les rebelles soudanais ont obtenu l'aide du gouvernement tchadien. En février 2008, trois groupes rebelles ont uni leurs forces et lancé une attaque contre la capitale du Tchad, N'Djamena.

Après avoir lancé un assaut qui n'a pas réussi à saisir le palais présidentiel, l'attaque a été résolument repoussée.

La France envoya des troupes pour soutenir le gouvernement. Beaucoup de rebelles étaient d'anciens alliés du président Idriss Déby. Ils l'accusaient de corruption envers les membres de sa propre tribu.

Causes

La bataille au début de décembre 2006 dans la capitale tchadienne N'djamena n'est pas surprenante.

Pendant les années antérieures à l'éruption, le gouvernement soudanais a tenté de renverser le président tchadien, Idriss Déby, en utilisant les rebelles tchadiens comme intermédiaires.

Les trois groupes armés impliqués dans les attentats en 2008 ont été armés par les forces de sécurité soudanaises visant à couper le soutien que Déby donnait aux rebelles du Darfour, en particulier le Mouvement pour la justice et l'égalité (MJE).

La guerre au Tchad est le résultat de quatre forces distinctes.

D'une part, la guerre semblait être une continuation des conflits du Darfour et du Tchad, qui incluent la concurrence pour le pouvoir et la terre.

Deuxièmement, il y a eu un conflit interne tchadien.

Déby revint à une règle militaire unilatérale après un élargissement prometteur de la base de son régime à la fin des années 1990 qui a été couplé par la croissance de la politique civile à N'Djamena.

Déby s'appuyait fortement sur un groupe étroit de parents et sur la revendication des finances publiques, distribuant l'aide en échange de la loyauté civile.

Troisièmement, la stratégie de Khartoum (capitale du Soudan) pour la gestion de la sécurité à l'intérieur de sa frontière, qui consiste à traiter les faibles États environnants comme de simples extensions de ses limites internes.

La sécurité du Soudan a aidé Déby à prendre le pouvoir en 1990 dans le cadre de sa responsabilité qui l'a également vu s'engager militairement en Érythrée, en Éthiopie, en Ouganda, en République démocratique du Congo et en République centrafricaine.

De même que le Soudan a utilisé une combinaison d'extorsions et de représailles pour contrôler ses élites provinciales du Darfour, il a utilisé les mêmes outils pour influer sur ses limites transfrontalières.

En outre, la compétition régionale pour la domination de l'Afrique centrale a rarement été régie par l'autorité de l'État. Cette région isolée inclut le Tchad, la RCA et le nord de la RDC, ainsi que les régions de Tripoli et du Soudan.

Résultat

La mise en œuvre des réformes promises dans l'accord d'août 2007 avec les partis d'opposition a été lente et inégale.

Partout dans le pays, les forces gouvernementales ont continué à arrêter arbitrairement et à détenir des civils et des rebelles soupçonnés, souvent sur la base de l'origine ethnique.

Les conditions de détention au Tchad sont parmi les plus sévères sur le continent africain.

De faibles institutions de justice ont contribué à une culture d'exemption. Le gouvernement n'a pas enquêté ni poursuivi de graves atteintes aux civils, comme les meurtres et les viols commis par les forces de sécurité gouvernementales et les rebelles à la suite d'affrontements à Am Dam en mai 2009.

Plus de 250 000 réfugiés soudanais et 168 000 déplacés tchadiens vivent dans des camps et ailleurs dans l'est du Tchad.

En avril 2010, environ 5 000 nouveaux réfugiés soudanais sont arrivés du Darfour occidental, à la suite de nouveaux combats entre les mouvements rebelles soudanais et les forces gouvernementales soudanaises.

Les belligérants

Le conflit a impliqué les forces gouvernementales tchadiennes et plusieurs groupes rebelles tchadiens.

Il s'agit notamment du Front uni pour le changement démocratique, des Forces unies pour le développement et la démocratie, du rassemblement des forces pour le changement et de l'Accord national du Tchad.

Le conflit a également impliqué les Janjawid, tandis que le Soudan aurait soutenu les rebelles et la Libye qui a été médiatisé dans le conflit.

Les grandes batailles

Les rebelles tchadiens ont attaqué Guéréda, à 120 kilomètres au nord d'Adré, le 7 décembre 2005, laissant dix morts et cinq blessés.

L'attaque a marqué le début d'une campagne d'incursions des rebelles du Darfour et a incité le gouvernement tchadien à condamner Khartoum pour avoir soutenu les rebelles.

Le 18 décembre 2005, le Rassemblement pour la Démocratie et la Liberté (RDL), un groupe rebelle tchadien basé au Darfour, a attaqué la ville frontalière d'Adré, au Tchad.

Adré est la clé stratégique de la défense du Tchad contre les attaques lancées depuis le Soudan.

Le président tchadien Idriss Déby, provoqué par des défections de l'armée tchadienne entre octobre et décembre 2005, avait commencé à renforcer Adré, ainsi qu'Abéché, capitale de la province orientale de Ouaddaï, avant même l'attaque du 18 décembre 2005.

Première bataille de N'Djaména

En avril 2006, le chef rebelle tchadien Mahamat Nour Abdelkarim, ayant rassemblé plusieurs mouvements rebelles tchadiens sous la bannière du Front Uni pour le Changement (FUC), a assiégé N'Djamena.

Le 13 avril 2006, 1 200 à 1 500 rebelles FUC dans 56 camionnettes ont fait des centaines de kilomètres à travers le Tchad depuis des bases du Darfour et en République centrafricaine pour lutter contre les forces de sécurité tchadiennes dans les rues de la capitale.

Les combats de N'Djamena ont duré 11 heures et impliquaient des transporteurs de troupes blindés, des véhicules techniques (véhicules à quatre roues motrices montés à l'aide d'armes lourdes) et des chars, et se sont concentrés dans les banlieues sud-est et au parlement tchadien.

Les troupes rebelles peu familières avec la disposition de la capitale confondait le palais présidentiel.

Avec l'aide considérable de l'armée française, la tentative de prise de contrôle a été contrariée, avec des centaines tuées.

Deux fosses communes sont situées dans la banlieue sud-est de N'Djaména, à Djari-Kawas, où des troupes gouvernementales ont attaqué une colonne rebelle.

Une fosse commune aurait fait état de 102 cadavres, bien que des rapports indiquent que les morts étaient tous des soldats rebelles ou un mélange de rebelles et de civils.

La deuxième fosse commune de Djari-Kawas serait composée de 45 cadavres enterrés une fois libérés de la morgue.

Le 14 avril 2006, le Tchad a rompu unilatéralement les relations avec le Soudan.

Bien que les deux pays aient renouvelé leur engagement d'expulser les rebelles de leurs territoires en juillet et de rétablir les relations diplomatiques en août, l'attaque d'avril a continué à jeter un vide sur les relations bilatérales.

Deuxième bataille de N'Djaména

Les rebelles tchadiens dirigés par Mahamat Nouri ont combattu les forces gouvernementales dans les batailles de rue à N'Djaména le matin du 2 février 2008.

L'après-midi du lendemain, les forces rebelles se sont retirées de la capitale, déstabilisées par la possibilité d'une coalition avec Timan Erdimi.

Bataille d'Am Dam

La bataille d'Am Dam a eu lieu dans et autour de la ville d'Am Amadienne, le 7 mai et le 8 mai 2009, lorsque les forces de l'armée tchadienne ont attaqué une colonne des rebelles de l'Union des forces pour la résistance (UFR).

A 11h30 le matin du 7 mai 2009, un bataillon de la Garde présidentielle, dirigé par le général Toufa Abdoulaye, a embusqué une colonne de rebelles de l'UFR à la périphérie est d'Am Dam, un village situé à 100 kilomètres au sud d'Abéché, au sud-est du Tchad.

L'hôpital d'Am Dam a subi de graves dommages quand un véhicule gouvernemental déchargeant des victimes a ouvert le feu.

Moins d'une heure après le début de l'escarmouche, les véhicules rebelles qui passaient au sud d'Am Dam dans une tentative de flanquer la petite force gouvernementale ont rencontré une colonne blindée de renforts gouvernementaux dirigée par Hassan al Gadam al-Djineddi et le général Tahir Ardah, directeur général de la Gendarmerie nationale.

Le mouvement flanquant des rebelles a été éliminé et, vers 14 h 30, les restes de la colonne UFR remontaient vers des refuges sûrs au Darfour, avec des forces gouvernementales en perdition.

Les chiffres officiels publiés plus tard par le gouvernement témoignent de l'intensité des combats, avec 247 combattants tués, dont 225 rebelles. Sur les 212 rebelles pris en détention, 83 étaient mineurs.

Avec le contrôle du gouvernement fermement établi, les soldats ont fait irruption dans la pharmacie de l'hôpital et réquisitionné des fournitures médicales.

Des volontaires civils à Am Dam et le village voisin d'Am Dam Zeribe ont été organisés en six équipes de volontaires pour recueillir et enterrer les morts.

Des soldats du gouvernement menant des balayages de sécurité à Am Dam et dans les villages environnants pour les rebelles blessés ont poursuivi un groupe d'insurgés vers le village de Galbassa, à deux kilomètres à l'est d'Am Dam, où quatre rebelles se sont réfugiés dans une maison occupée par six civils.

Des soldats gouvernementaux soutenus par un char T-55 ont ordonné aux civils de partir.

Cinq civils ont émergé, avec deux rebelles au milieu. Les deux rebelles ont été tués par des soldats du gouvernement et trois des cinq civils ont été blessés par balle, y compris un garçon de 14 ans.

La structure dont ils sont issus a ensuite été délibérément aplatie, tuant les deux rebelles restants et écrasant à mort Youssouf Abakar, un civil de 55 ans et père de huit enfants. Abakar était l'un des 15 civils tués au cours du combat.

Les soldats du gouvernement sont restés dans la région d'Am Dam pendant six jours, période pendant laquelle le hameau voisin de Mashangala a systématiquement pillé des objets de valeur.

Dans la soirée du 7 mai, des soldats du gouvernement sont descendus sur Galbassa sous prétexte de chercher des rebelles et agressé sexuellement deux sœurs, une femme de 19 ans et une fille de 14 ans.

Les femmes de Galbassa ont évacué le village le lendemain matin pour les villes voisines de Gasdjamoudes et de Habanier et ne sont revenues que lorsque les forces gouvernementales se sont retirées de la région.

Contrôle de Tissi

En mai 2009, simultanément au raid de l'UFR sur Am Dam, le Front Populaire pour la Renaissance Nationale (FPRN), un groupe rebelle tchadien dirigé par Adoumj Yacoub, a occupé la ville stratégique de Tissi. Ce n'est qu'en avril 2010 que les forces gouvernementales tchadiennes ont pu reprendre Tissi.

Processus de paix

Retrait de l'Organisation des Nations Unies

En janvier 2009, le gouvernement du Tchad a demandé que l'ONU entame le processus de retrait de sa mission de maintien de la paix dans l'est du Tchad.

Le gouvernement tchadien a critiqué le déploiement lent de la mission de l'ONU, son bilan inégal de succès et les améliorations apportées à la situation sécuritaire en tant que raisons de sa décision.

En mai 2009, l'ONU a révisé le mandat de la mission et a autorisé son retrait et sa fermeture progressive d'ici à la fin de l'année et transféré aux forces de sécurité tchadiennes la pleine responsabilité de la protection des civils, y compris les populations déplacées et les réfugiés du Darfour.

Harmonie entre le Tchad et le Soudan

Un accord pour le rétablissement de l'harmonie entre le Tchad et le Soudan, signé le 15 janvier 2010, a marqué la fin d'une guerre de cinq ans.

Le resserrement des relations a conduit les rebelles tchadiens du Soudan à rentrer chez eux, l'ouverture de la frontière entre les deux pays après sept ans de fermeture et le déploiement d'une force commune pour sécuriser la frontière.

Le président Idriss Déby s'est rendu à Khartoum en février pour la première fois en six ans; et en juillet, le Tchad, État membre de la Cour pénale internationale (CPI), a accueilli le président soudanais Omar el-Béchir.

Suite à la décision de l'ONU de retirer la mission d'ici la fin de 2010, des représentants des agences des Nations Unies ont formé un groupe de travail avec le gouvernement tchadien pour améliorer la sécurité des groupes humanitaires dans l'est du Tchad.

Le plan comprend la consolidation du Détachement intégré de sécurité au Tchad (DIS), une composante de la MINURCAT constituée de forces de police tchadiennes formées par l'ONU, qui fournissent la sécurité à l'intérieur et autour des camps de réfugiés.

Scandale international

Près de 100 enfants ont été au centre d'un scandale international dans un orphelinat à l'est du Tchad en mars 2008.

Les 97 enfants ont été pris de leurs maisons en octobre 2007 par une organisation sociale (charité) française, L'Arche de Zoé, en prétendant qu'ils étaient des orphelins de la région soudanaise du Darfour.

Attaque rebelle contre N'Djamena

Le vendredi 1er février 2008, les rebelles, une alliance de l'opposition composée de Mahamat Nouri, ancien ministre de la Défense, et Timan Erdimi, neveu et chef d'état-major d'Idriss Déby, ont attaqué la capitale tchadienne N'Djamena.

Mais Idris Deby avec les troupes gouvernementales se sont battus. Les forces françaises ont donné des munitions aux troupes gouvernementales tchadiennes mais n'ont pas activement participé aux combats.

L'ONU a indiqué que jusqu'à 20.000 personnes ont quitté la région, se réfugiant au Cameroun et au Nigeria voisins.

Des centaines de personnes ont été tuées, pour la plupart des civils. Les rebelles accusent Deby de corruption et détournent des millions de dollars des recettes pétrolières.

Alors que de nombreux Tchadiens peuvent partager cette évaluation, le soulèvement semble être une lutte de pouvoir au sein de l'élite qui a longtemps contrôlé le Tchad.

Le gouvernement français estime que l'opposition s'est regroupée à l'est de la capitale.

Bataille de N'Djamena (2008)

La bataille de N'Djamena a débuté le 2 février 2008 lorsque les forces rebelles tchadiennes opposées au président tchadien Idriss Déby sont entrées à N'Djamena, la capitale du Tchad, après une avance de trois jours à travers le pays.

Les rebelles ont d'abord réussi, prenant une grande partie de la ville et attaquant le palais présidentiel fortement défendu.

Ils n'ont pas capturé le palais, et après deux jours de combat ils se sont retirés à l'extérieur de la ville. Deux jours plus tard, ils se retirèrent vers l'est.

L'assaut sur la capitale faisait partie d'une campagne militaire plus longue visant à détruire le président tchadien.

L'arsenal des rebelles luttant contre le gouvernement a changé pendant la guerre: cette attaque a impliqué environ 2 000 hommes de l'Union des forces pour la démocratie et le développement, l'Union des forces pour la démocratie et le développement-Fondamental et le Rassemblement des forces démocratiques.

Plusieurs chefs d'opposition non rebelles ont été arrêtés par le gouvernement.

La bataille a fait des centaines de morts et déplacé au moins 30.000 personnes.

Les forces françaises ont évacué des étrangers, mais ont également fourni l'information et les munitions à l'armée nationale tchadienne et échangé sporadiquement le feu avec des rebelles.

Des soldats du Mouvement pour la justice et l'égalité, allié du gouvernement tchadien au Darfour, auraient participé à la bataille, mais beaucoup d'autres se sont battus dans l'est du Tchad, empêchant les rebelles d'atteindre la ville.

Contexte

En avril 2006, peu de temps après le début de la guerre civile au Tchad, les forces gouvernementales ont repoussé une attaque rebelle contre la capitale, au cours de laquelle des centaines de personnes ont été tuées; les rebelles responsables de l'attaque, le Front uni pour le changement démocratique (FUC) dirigé par Mohammed Nour Abdelkerim, se sont ralliés au gouvernement en décembre.

De nombreux soldats du FUC ont résisté à l'intégration dans l'Armée nationale tchadienne et se sont joints à d'autres groupes rebelles comme l'Union des forces pour la démocratie et le développement (UFDD), fondée en octobre 2006 et dirigée par Mahamat Nouri.

Pendant l'été et l'automne 2007, de vastes pourparlers de paix ont eu lieu à Tripoli à travers la médiation libyenne entre le gouvernement tchadien et les quatre principaux groupes rebelles, soit l'UFDD, le Rassemblement des forces pour le changement (RFC), l'Union des forces pour la démocratie et Développement-

Fondamental (UFDD-F) et la Concorde nationale tchadienne (CNT).

Finalement, les négociations ont abouti à un accord de paix signé le 25 octobre 2007 à Syrte, en présence du président Idriss Déby, du dirigeant libyen Mouammar Kadhafi et du président soudanais Omar el-Bechir.

Dans le cadre de l'accord, les rebelles et le gouvernement ont convenu d'un cessez-le-feu immédiat, d'une amnistie générale et du droit des rebelles de se joindre aux forces armées et de former des partis politiques.

En novembre 2007, l'accord de paix s'est effondré et la guerre a repris. Alors que la CNT se rallie au gouvernement, les autres signataires de Syrte décident de s'opposer à Déby en atteignant un niveau majeur d'intégration militaire.

Ainsi, le 13 décembre 2007, l'UFDD, l'UFDD-F et la RFC ont annoncé la création d'un Commandement militaire unifié avec un leadership collégial.

L'UFDD pouvait compter en ce moment sur 2 000 à 3 000 hommes, alors que la RFC alliée avait environ 800 soldats.

L'avancement des rebelles vers N'Djamena

Les rebelles ont commencé à obtenir de l'avancement sur N'Djamena depuis la frontière orientale avec le Soudan, plus de 1000 kilomètres de désert loin de N'Djamena.

Ils se sont déplacés dans une colonne de 250 à 300 véhicules, chacun capable de porter entre 10 à 15 hommes.

Le 30 janvier 2008, les forces rebelles ont capturé Oum Hadjer, une ville située au centre de la région de Batha, à environ 400 km de la capitale.

Des soldats du Mouvement pour la justice et l'égalité, un groupe rebelle du Darfour, sont arrivés à N'Djamena pour renforcer le côté du gouvernement à la fin janvier et les patrouilles de l'armée dans la ville ont augmentées en prévision d'une attaque rebelle.

Au milieu de tensions croissantes, la France a envoyé une unité de combat de 126 soldats supplémentaires au Tchad, en joignant 1100 déjà stationnés là.

54 soldats irlandais devaient atterrir à N'Djamena comme une force de l'Union européenne destinée à protéger les camps de réfugiés dans l'est du Tchad.

14 soldats autrichiens sont arrivés à N'Djamena le 31 janvier 2008 dans le cadre de la même force et ont été pris au piège dans la ville.

Les rebelles se sont affrontés avec les forces gouvernementales, conduites par le Président Déby personnellement, à Massaguet, à 80 km au nord-est de N'Djamena le 1er février.

Les combats ont été décrits comme très violents. Pendant la bataille, les rebelles ont pu localiser et concentrer le feu sur la voiture blindée du président Déby.

Son chef d'état-major de l'armée, Daoud Soumain, a été tué, abaissant le moral des troupes.

Les forces gouvernementales se sont retirées dans la capitale.

Les rebelles tchadiens seraient entrés à N'Djamena vers 7 h le samedi 2 février 2008, venant de Massaguet.

Les rebelles se divisent ensuite en deux colonnes. L'une a été arrêtée à 3 km du palais présidentiel, où les chars du gouvernement ont tiré dessus.

L'autre a pris le contrôle de la partie orientale de la ville, puis a balancée vers le palais présidentiel, où elle a aussi été stoppée par un feu de char.

Les combats se répandant ensuite dans la zone autour du palais présidentiel. La fumée s'élevait de la ville, qui tremblait.

La résidence de l'ambassadeur saoudien a été frappée par une bombe pendant les combats, qui a entraîné la mort de l'épouse et la fille d'un des membres du personnel de l'ambassade.

Plus tard, les rebelles avaient pris le contrôle des quartiers périphériques de la capitale et une bonne partie du centre-ville après des combats intenses avec les forces gouvernementales.

Le commandement rebelle a indiqué qu'ils avaient entouré le palais présidentiel, avec le président à l'intérieur, et ils prévoyaient attaquer le palais plus tard dans la soirée.

Des troupes gouvernementales entouraient le palais présidentiel et utilisaient des armes lourdes contre les rebelles.

Juste avant le crépuscule, les troupes gouvernementales ont tenté de repousser les rebelles à l'est de la ville et de reprendre le centre-ville.

Cependant, les gains réalisés par les militaires ont été signalés comme étant faibles. Les combats pendant la journée ont été intenses et, à un moment donné, des soldats français se sont impliqués lorsqu'ils ont échangé des coups de feu avec des hommes armés inconnus tout en protégeant l'un des hôtels qui abritent des centaines de ressortissants étrangers.

Deux soldats français ont été légèrement blessés.

Dans certaines parties de la ville, les rebelles ont été salués par des civils applaudissant.

Le même jour, le dirigeant libyen Mouammar Kadhafi a persuadé le chef rebelle de mettre fin aux combats. Cela a été nié par un porte-parole des rebelles.

La ville a été divisée en deux, avec les rebelles contrôlant le sud-ouest.

À bout de munitions, les troupes gouvernementales ont abandonné la défense de la station de radio principale; le bâtiment a été pillé et mis au feu.

Les rapports indiquent également qu'un hélicoptère du gouvernement qui chassait des rebelles a frappé le marché principal avec un missile, déclenchant une série de pillage qui a eu comme conséquence la destruction du marché.

À la fin du 3 février, les rebelles ont indiqué qu'ils s'étaient retirés temporairement de N'Djamena.

Le gouvernement a dit qu'il avait poussé les rebelles hors de la ville et que la bataille était finie.

Des milliers de résidents ont fui la ville après le retrait des rebelles.

Les Français croyaient que les rebelles attaqueraient de nouveau pour continuer à évacuer les étrangers. Plus tard dans la journée, les combats seront terminés par une déclaration rebelle de cessez-le-feu.

Renforts bloqués

Au cours de la bataille, le Mouvement pour la justice et l'égalité (MJE), un groupe rebelle du Darfour, s'est déplacé rapidement avec une grande colonne de véhicules vers N'Djamena pour combattre à côté du gouvernement.

Les rebelles tchadiens avaient chassé les renforts gouvernementaux qui se dirigeaient vers la ville depuis le sud du Tchad.

Dans l'est du pays, le MJE s'est battu pour arrêter une force de 2 500 rebelles tchadiens qui étaient en route depuis le Soudan pour renforcer les troupes en dehors de N'Djamena.

L'armée de l'air soudanaise a soutenu les rebelles tchadiens alors qu'ils combattaient les forces de MJE près d'Adré le 4 février.

Les rebelles tchadiens ont été étroitement défait.

Une colonne censée renforcer les forces rebelles à N'Djamena a été retirée sous les ordres de Timan Erdimi suite à un conflit de leadership avec le chef Mahamat Nouri de l'UFDD.

Conséquences

Les rebelles sont restés à la périphérie de la ville le 5 février, affirmant qu'ils pourraient facilement prendre la ville si les soldats français n'étaient pas présents. Il y avait encore des tirs sporadiques en dehors de la ville, mais N'Djamena était calme.

Les hélicoptères d'attaque tchadiens ont bombardé des positions rebelles en dehors de la ville le 6 février.

Le gouvernement a dit qu'il poursuivrait les rebelles qui se sont retirés. Il y avait encore un pillage généralisé à N'Djamena.

Le 6 février, Déby, qui était en uniforme militaire, a pris la parole lors d'une conférence de presse pour la première fois depuis le début de la bataille, après avoir rencontré Hervé Morin, ministre français de la Défense.

Déby a déclaré que ses forces avaient vaincu les rebelles, qu'il qualifiait de "mercenaires dirigés par le Soudan", et que ses forces étaient en "contrôle total" de la ville ainsi que de tout le pays.

Réagissant aux rapports qu'il avait été blessé, il a fait un geste et a déclaré: "Regardez-moi, je vais bien". Il a toutefois déclaré qu'il ne savait pas où se trouvaient plus des trois quarts des membres de son gouvernement.

Morin a suggéré que les rebelles n'étaient pas complètement acheminés mais attendaient des renforts.

Les autorités soudanaises ont rapidement nié les accusations du Président Déby concernant l'implication du Soudan.

Déby a appelé l'Union européenne à envoyer une force de maintien de la paix au Tchad. Pendant ce temps, les rebelles ont déclaré se regrouper à Mongo, à 400 kilomètres à l'est de N'Djamena.

L'Union européenne a repris le déploiement des troupes le 12 février 2008.

Un mois après la bataille, le gouvernement a commencé à creuser une tranchée de 3 mètres de profondeur autour de la ville, avec quelques passerelles fortifiées, pour entraver les attaques futures sur N'Djamena.

Un tribunal de N'Djamena a jugé un certain nombre de dirigeants rebelles pour leur rôle dans l'attaque de N'Djamena et condamné à mort par contumace en août 2008 12 hommes, dont l'ancien président tchadien Hissène Habré et les chefs de guerre Timan Erdimi Et Mahamat Nouri.

Les victimes et les réfugiés

Aucun nombre confirmé de morts n'a été signalé, mais des personnes sur le terrain ont rapporté des corps couchés dans les rues de la ville.

Il y avait beaucoup de cadavres dans la ville et 300 personnes étaient traitées dans des hôpitaux.

Après la bataille, les hôpitaux avaient compté 100 civils tués et près de 700 blessés. Les responsables de la Croix-Rouge ont parlé le 5 février de «centaines» de civils tués dans les combats, et de plus d'un millier de blessés.

Plus tard, plus de 160 civils auraient été tués.

Le 6 mars, le président Déby a donné une estimation de 700 personnes tuées dans la ville, dont la plupart étaient des civils.

La plupart des membres du personnel humanitaire ont été évacués du Tchad et au moins 30 000 réfugiés ont migré vers le Cameroun, selon l'ONU.

Arrestations de dirigeants de l'opposition

Des soldats gouvernementaux auraient arrêté les chefs d'opposition Lol Mahamat Choua, Ibni Oumar Mahamat Saleh et Ngarlejy Yorongar le 3 février. Ils auraient également tenté d'arrêter Saleh Kebzabo, mais il n'était pas présent chez lui.

Le gouvernement a nié les arrestations signalées des dirigeants de l'opposition, disant qu'ils avaient disparu dans les régions contrôlées par les rebelles, mais il a plus tard reconnu que Choua était détenu avec des prisonniers de guerre, et l'ambassadeur français a visité la prison militaire.

Il a été libéré de prison avant mars.

Finalement, Yorongar a également réapparu: il a été trouvé au Cameroun le 2 mars.

Il est arrivé en France le 6 mars et a affirmé avoir fui les forces de sécurité tchadiennes qui l'avaient capturé.

Il a ajouté qu'il avait vu Ibni Oumar Mahamat Saleh être poignardé et frappé par les mêmes forces.

La répression par les forces de sécurité, selon Human Rights Watch, impliquait d'autres individus, et a été légalisée avec la proclamation de l'état d'urgence le 14 février, accordant des pouvoirs étendus aux forces de sécurité pour arrêter et détenir des personnes sans inculpation.

Le 15 mars 2008, date d'expiration de l'état d'urgence, 15 tchadiens avaient été arrêtés.

Human Rights Watch soupçonne que le nombre réel est plus élevé. Parmi les personnes arrêtées, 11 proviennent du groupe ethnique de Gorane, le même que Mahamat Nouri, le principal commandant des insurgés, ce qui a soulevé des craintes sur le fait que le gouvernement n'arrête que les gens en partie pour leur origine ethnique. Les militants des droits de l'homme ont déclaré que de nombreux Goranes fuyaient la capitale.

L'Union européenne s'est déclarée «profondément préoccupée» par les arrestations, et le commissaire européen au développement, Louis Michel, a appelé à la «libération immédiate» des dirigeants de l'opposition.

Participation française

Au début de la bataille de 2008, des soldats français ont évacué des centaines de citoyens français et d'autres étrangers à Libreville au Gabon, tandis que des centaines d'autres ont été sous protection militaire française dans cinq points de rassemblement à N'Djamena.

Cela comprenait 103 travailleurs humanitaires de l'ONU, contre 150 qui ont quitté au total. Selon les militaires français, ils avaient évacué 580 étrangers le 3 février, laissant 320 transportés par avion le 4 février.

Au total, près de 1 300 étrangers ont été évacués par la France pendant la bataille.

La France s'est également portée volontaire pour évacuer le président Déby le 3 février, mais cette offre a été rejetée.

Il y a eu un bref échange de tirs le 2 février entre des rebelles et des soldats français gardant l'aéroport international, qui a été utilisé par les Français pour évacuer des personnes, mais également pour loger quatre hélicoptères de l'armée tchadienne.

Les combattants français Mirage F1 ont effectué des vols de reconnaissance sur des positions rebelles, mais avant le 3 février, tous les six avions opérant à N'Djamena ont été déplacés à Libreville pour plus de sécurité.

Le 4 février, deux combattants Mirage sont retournés et ont continué leurs vols de reconnaissance. Les rebelles ont accusé ces avions d'ouvrir le feu, mais ces rapports n'ont pas été confirmés.

La France a nié prendre part au combat pendant la bataille.

Dans une déclaration du 4 février, le Conseil de sécurité des Nations Unies a appelé tous les États membres à soutenir le gouvernement tchadien.

Cela a été interprété comme un soutien à l'intervention française.

Les rebelles ont vu la déclaration comme un abus par la France du rôle potentiel de l'ONU dans les négociations. Le 5 février, le président Sarkozy a déclaré que les Français seraient prêts à intervenir militairement si nécessaire.

La France avait fourni au gouvernement tchadien une assistance médicale et logistique et des renseignements pendant la bataille.

Le 7 février, des diplomates et des militaires français ont signalé que des officiers français avaient coordonné une attaque tchadienne contre une colonne rebelle à Massaguet le 1er février, fourni des informations sur les mouvements rebelles, livré des munitions à travers la Libye et envoyé des forces spéciales combattre les rebelles dans la capitale.

Le ministre français des Affaires étrangères, Bernard Kouchner, a fermement nié l'utilisation des forces spéciales le lendemain.

Idriss Déby

Le général Idriss Déby Itno, né le 18 juin 1952, est un homme politique tchadien qui a été président du Tchad depuis 1990.

Il est également le chef du Mouvement Patriotique du salut (MPS).

Déby est un membre du clan Bidyat du groupe ethnique Zaghawa. Il a pris le pouvoir à la tête d'une rébellion contre le président Hissène Habré en décembre 1990 et a depuis survécu à diverses rébellions contre son propre gouvernement.

Il a remporté les élections de 1996 et 2001 et après avoir éliminé les limites de ses mandats, il a encore gagné en 2006, 2011 et 2016.

Il a ajouté "Itno" à son nom en janvier 2006. Il est diplômé du Centre révolutionnaire mondial de Muammar Kadhafi.

Jeunesse et carrière militaire

Déby est né à Fada en tant que fils d'un éleveur Zaghawa. Après avoir terminé ses études, il est entré à l'École des officiers de N'Djamena. De là, il a été envoyé en France pour la formation, revenant au Tchad en 1976 avec un certificat de pilote professionnel.

Il reste fidèle à l'armée et au président Félix Malloum jusqu'à ce que l'autorité centrale s'effondre en 1979.

Déby lie ses fortunes à celles de Hissène Habré, l'un des principaux chefs de guerre tchadiens.

Déby a été fait commandant en chef de l'armée un an après la prise du pouvoir par Habré en 1982. Il s'est distingué en 1984 en détruisant les forces pro-libyennes dans l'est du Tchad.

En 1985, Habré l'envoya à Paris pour suivre un cours à l'École de Guerre; À son retour, il fut nommé conseiller militaire en chef de la présidence.

En 1987, il a confronté les forces libyennes sur le terrain en adoptant des tactiques qui infligèrent de lourdes pertes aux forces ennemies.

Un fossé a éclaté en 1989 entre Habré et Déby sur le pouvoir croissant de la Garde présidentielle.

Selon Human Rights Watch, Habré a été reconnu coupable de «meurtres politiques généralisés, de tortures systématiques et de milliers d'arrestations arbitraires».

Habré accuse Déby, Mahamat Itno, ministre de l'intérieur, et Hassan Djamous, commandant en chef de l'armée tchadienne de préparer un coup d'État.

Déby s'enfuit en Libye, tandis que Itno et Djamous ont été arrêtés et tués. Puisque tous les trois étaient membre du groupe ethnique Zaghawa, Habré a lancé une campagne ciblée contre le groupe qui a vu des centaines saisies, torturées et emprisonnées.

Des dizaines de personnes sont mortes en détention ou exécutées sommairement.

A partir de 2016, Habré fait face à des accusations de crimes de guerre devant un tribunal international spécial créé au Sénégal.

Déby déménage au Soudan et forme le Mouvement patriotique du salut (MPS), un groupe insurgé, soutenu par la Libye et le Soudan, qui a commencé ses opérations contre

Habré en octobre 1989. Il a déclenché une attaque décisive le 10 novembre 1990 et le 2 décembre les troupes de Déby ont marché sur la capitale N'Djaména.

Président du Tchad

Idriss Déby a assumé la présidence tchadienne en 1990 et a été réélu à la majorité des voix tous les cinq ans.

Années 1990

Après trois mois de gouvernement provisoire, le 28 février 1991, une charte a été approuvée pour le Tchad avec Déby comme président.

Au cours des deux années qui ont suivi, Déby a fait face à une série de tentatives de coup d'État alors que les forces gouvernementales s'affrontaient avec des groupes rebelles pro-Habré, comme le Mouvement pour la démocratie et le développement (MDD).

Cherchant à étouffer la dissidence, en 1992, le Tchad a légalisé les partis politiques et organisé une Conférence nationale qui a abouti à la réunion de 750 délégués, du gouvernement, des syndicats et de l'armée pour discuter de l'établissement d'une démocratie pluraliste.

Cependant, l'agitation a continué. Le Comité de Sursaut National pour la Paix et la Démocratie (CSNPD), dirigé par le Lieutenant Moise Kette et d'autres groupes du Sud, ont cherché à empêcher le gouvernement Déby d'exploiter le pétrole dans le bassin de Doba et déclenché une rébellion qui a fait des centaines de morts.

Un accord de paix a été conclu en 1994, mais il a été éventuellement interrompu.

Déby, au milieu des années 1990, a graduellement restauré les fonctions de base du gouvernement et a conclu des accords avec la Banque mondiale et le FMI pour mener des réformes économiques substantielles.

Une nouvelle constitution a été approuvée par référendum en mars 1996, suivie d'une élection présidentielle en juin.

Déby a a été élu président au deuxième tour, qui s'est tenu en juillet, avec 69% des voix.

Années 2000

Idriss Déby a été réélu lors de l'élection présidentielle de mai 2001, remportant le premier tour avec 63,17% des voix, selon les résultats officiels.

Une guerre civile entre chrétiens et musulmans a éclaté en 2005, accompagnée de tensions avec le Soudan.

Une tentative de coup d'état, impliquant la chute de l'avion de Déby, a été déjouée en mars 2006.

À la mi-avril 2006, il y avait des combats avec les rebelles à N'Djaména pour contrôle de la capitale.

Déby a par la suite rompu ses liens avec le Soudan, l'accusant de soutenir les rebelles.

Deby a été assermenté pour un autre mandat le 8 août 2006. Le président soudanais Omar el-Bechir a assisté à l'inauguration de Déby, et les deux dirigeants ont accepté de rétablir les relations diplomatiques à cette occasion.

Après la réélection de Déby, plusieurs groupes rebelles se sont séparés.

Déby était à Abéché du 11 septembre au 21 septembre 2006, volant en hélicoptère pour superviser personnellement les attaques des rebelles du Rassemblement des Forces Démocratiques.

La rébellion dans l'est a continué, et les rebelles ont atteint N'Djamena le 2 février 2008, avec des combats se produisant à l'intérieur de la ville.

Après des jours de combats, le gouvernement a gardé le contrôle de N'Djamena.

Dans ce contexte, en juin 2005, un référendum réussi a été mené afin d'éliminer une limite constitutionnelle à deux échéances, ce qui a permis à Déby de se présenter à nouveau en 2006.

Plus de 77% des électeurs approuvés la nouvelle constitution. Déby a été candidat à l'élection présidentielle de 2006, tenue le 3 mai, qui a été salué par un boycott de l'opposition.

Selon les résultats officiels, Déby a remporté l'élection avec 64,67% des voix.

En 2000, avec le conflit Nord-Sud, le gouvernement Déby a commencé à construire le premier oléoduc du pays, le projet Tchad-Cameroun de 1 070 kilomètres.

Le pipeline a été achevé en 2003 et a été salué par la Banque mondiale comme un cadre sans précédent pour transformer la richesse pétrolière en avantages directs pour les pauvres, les vulnérables et l'environnement.

L'exploitation du pétrole dans le sud de la région de Doba a débuté en juin 2000 avec l'approbation du Conseil de la Banque mondiale pour financer une petite partie du projet de développement pétrolier tchadien-camerounais visant le transport du pétrole brut tchadien par un pipeline de 1000 km.

Le projet a mis en place des mécanismes uniques pour la Banque mondiale, le secteur privé, le gouvernement et la collaboration de la société civile.

Toutefois, le Tchad n'ayant qu'une participation de 12,5 millions de dollars dans le secteur pétrolier, peu de richesses ont été transférées au pays.

Le Tchad a adopté une loi sur les recettes pétrolières, soutenue par la Banque mondiale, qui exigeait que la majeure partie de ses recettes pétrolières soit affectée à des projets de santé, d'éducation et d'infrastructure.

La Banque mondiale avait précédemment gelé un compte de revenus pétroliers dans un conflit sur la façon dont le Tchad a dépensé ses profits pétroliers.

Déby a rejeté ces allégations, soutenant que le pays ne reçoit pas assez de redevances pour apporter des changements significatifs dans la lutte contre la pauvreté.

Le 25 avril 2011, Déby a été réélu pour un quatrième mandat avec 88,7% des voix et a nommé à nouveau M. Emmanuel Nadingar Premier ministre.

En raison de la position stratégique du Tchad en Afrique de l'Ouest, Idriss Déby a envoyé des troupes et joué un rôle de médiateur clé dans la lutte contre les multiples crises régionales, comme au Darfour, en République Centrafricaine (RCA), au Mali, ainsi que dans la lutte contre Boko Haram.

Alors que la situation sécuritaire en République centrafricaine se détériore, Déby décide en 2012 de déployer 400 soldats pour combattre des rebelles.

En janvier 2013, le Tchad a également envoyé 2000 troupes pour combattre les groupes islamistes du Mali, dans le cadre de l'Opération Serval de France.

L'histoire récente du Tchad, sous la direction de Déby, a été caractérisée par la corruption endémique et un système de favoritisme profondément enraciné qui imprègne la société.

L'exploitation récente du pétrole a alimenté la corruption et les revenus ayant été mal utilisés par le gouvernement pour renforcer ses forces armées et récompenser ses compatriotes ont contribué à miner le système de gouvernance du pays.

En 2006, le Tchad a été placé au sommet de la liste des nations les plus corrompues du monde.

En 2012, Déby a lancé une campagne anticorruption appelée "Opération Cobra", qui aurait récupéré environ 50 millions de dollars détournés.

Les organisations non gouvernementales affirment toutefois que Déby a utilisé de telles initiatives pour punir les rivaux et récompenser les copains.

Face à une menace croissante de la part de Boko Haram, un groupe terroriste opérant dans le nord du Nigeria, Idriss Déby accroît la participation du Tchad aux Forces multinationales combinant les unités du Niger, du Nigeria et du Cameroun.

En janvier 2016, Idriss Déby a succédé au Zimbabwe pour devenir président de l'Union africaine pour un mandat d'un an.

Lors de son investiture, Déby a déclaré aux présidents que les conflits autour du continent devaient se terminer par la diplomatie ou par la force.

Une des premières priorités de Déby était d'accélérer la lutte contre Boko Haram.

Le 4 mars, l'Union africaine a décidé d'étendre la Force multinationale à 10 000 soldats.

Lors de la 21e Conférence des Parties à Paris, Idriss Déby a soulevé la question du lac Tchad, dont la surface a diminué huit fois depuis 1973, et a appelé la communauté internationale à fournir un financement pour protéger l'écosystème.

En Février 2016, Déby a été nommé candidat du MPS aux élections présidentielles d'avril 2016.

Il a promis de rétablir les limites des mandats dans la constitution en disant que «nous devons limiter les termes, nous ne devons pas nous concentrer sur un système dans lequel un changement de pouvoir devient difficile».

Tchad : Géographie, climat et environnement

Avec 1.284.000 kilomètres carrés, le Tchad est le 21ème plus grand pays au monde. Il est légèrement plus petit que le Pérou et légèrement plus grand que l'Afrique du Sud.

Le Tchad est situé en Afrique centrale.

La capitale du pays, N'Djamena, est à 1 060 kilomètres du port maritime le plus proche, Douala, au Cameroun.

En raison de cette distance de la mer et du climat largement désertique du pays, le Tchad est parfois appelé «le Cœur Mort de l'Afrique».

La structure physique dominante est un large bassin délimité au nord et à l'est par le Plateau d'Ennedi et les montagnes du Tibesti, qui comprennent Emi Koussi, un volcan inactif qui atteint 3,414 mètres au-dessus du niveau de la mer.

Le lac Tchad ne couvre que 17 806 kilomètres carrés et sa superficie est soumise à de fortes fluctuations saisonnières.

Les hautes herbes de la région et les marais étendus le rendent favorable aux oiseaux, aux reptiles et aux grands mammifères.

Les principales rivières du Tchad, le Chari, Logone et leurs affluents traversent les savanes du sud.

Climat du Tchad

Chaque année, un système météorologique tropical appelé frontière intertropicale traverse le Tchad du sud au nord, apportant une saison humide qui dure de mai à octobre dans le sud et de juin à septembre dans le Sahel.

Les variations des précipitations locales créent trois grandes zones géographiques.

Le Sahara se trouve dans le tiers nord du pays. Les précipitations annuelles dans cette ceinture sont inférieures à 50 millimètres; seule la palmeraie spontanée occasionnelle survit.

Le Sahara cède la place à une ceinture sahélienne au centre du Tchad; les précipitations y varient de 300 à 600 mm par an.

Au Sahel, une steppe de buissons épineux (principalement des acacias) cède peu à peu au sud de la savane de l'est du Soudan, dans la zone soudanaise du Tchad.

Les précipitations annuelles dans cette ceinture sont supérieures à 900 mm.

Faune

La vie animale et végétale du Tchad correspond aux trois zones climatiques. Dans la région saharienne, la seule flore est le palmier.

Les palmiers et les acacias poussent dans la région sahélienne.

La zone sud, ou soudanique, se compose de vastes prairies ou prairies aptes au pâturage.

En 2002, il y avait au moins 134 espèces de mammifères, 509 espèces d'oiseaux (354 espèces de résidents et 155 migrants) et plus de 1600 espèces de plantes dans tout le pays.

Des éléphants, des lions, des buffles, des hippopotames, des rhinocéros, des girafes, des antilopes, des léopards, des guépards, des hyènes et de nombreuses espèces de serpents se trouvent au Tchad.

Le braconnage des éléphants, particulièrement dans le sud du pays dans des zones comme le parc national de Zakouma, est un problème grave.

Le petit groupe de crocodiles ouest africains survivants dans le plateau d'Ennedi représente l'une des dernières colonies connues.

La déforestation abondante a entraîné la perte d'arbres tels que les acacias, le baobab, les dattes et les palmiers.

Cela a également entraîné une perte d'habitat naturel pour les animaux sauvages; l'une des principales raisons de cette situation est aussi la chasse et l'élevage en augmentant les établissements humains.

Les animaux comme les lions, les léopards et les rhinocéros ont été presque décimés.

L'Organisation des Nations Unies pour l'alimentation et l'agriculture (FAO) s'est efforcée d'améliorer les relations entre les agriculteurs, les agropastoriers et les éleveurs du Parc national de

Zakouma, de Siniaka-Minia et de la réserve d'Aouk, dans le sud-est du Tchad.

Dans le cadre de l'effort national de conservation, plus de 1,2 million d'arbres ont été replantés pour vérifier l'avancement du désert.

Le braconnage est un problème grave dans le pays, en particulier des éléphants pour l'industrie de l'ivoire rentable et une menace pour la vie des gardes forestiers, même dans les parcs nationaux tels que Zakouma.

Le problème est aggravé par le fait que les parcs sont sous-effectifs et qu'un certain nombre de gardiens ont été assassiner par les braconniers.

Données démographiques

En 2015, l'agence nationale de statistique du Tchad a estimé la population du pays entre 13.630.252 et 13.679.203, avec 13.670.084 comme projection moyenne; sur la base de la projection moyenne, 3.212.470 personnes vivent dans les zones urbaines et 10.457.614 personnes dans les zones rurales.

La population du pays est jeune: on estime que 47,3% ont moins de 15 ans.

Le taux de natalité est estimé à 42,35 naissances pour 1 000 personnes, le taux de mortalité à 16,69.

L'espérance de vie est de 52 ans.

La population du Tchad est inégalement répartie.

La densité est de 0,1 par kilomètre carré dans la région saharienne de Borkou-Ennedi-Tibesti, mais 52,4 dans la région de Logone Occidental.

La vie urbaine est concentrée dans la capitale N'Djamena, dont la population est principalement engagée dans le commerce.

Les autres grandes villes sont Sarh, Moundou, Abéché et Doba, qui sont considérablement plus petites mais qui connaissent une croissance rapide de la population et de l'activité économique.

Depuis 2003, 230 000 réfugiés soudanais ont fui vers l'est du Tchad depuis le Darfour en guerre.

Avec les 172 600 tchadiens déplacés par la guerre civile dans l'Est, cela a engendré des tensions accrues entre les communautés de la région.

La polygamie est commune, avec 39% des femmes vivant dans cette situation.

Bien que la violence contre les femmes soit interdite, la violence domestique est fréquente.

La mutilation génitale féminine est également interdite, mais la pratique est répandue et profondément enracinée dans la tradition; 45% des femmes tchadiennes sont soumises à la procédure, les taux les plus élevés étant les Arabes, les Hadjarai et les Ouaddaians (90% ou plus).

Des pourcentages plus faibles ont été observés chez les Sara (38%) et les Toubou (2%).

Les femmes n'ont pas les mêmes chances en matière d'éducation et de formation.

Bien que les lois de propriété et d'héritage basées sur le code français ne soient pas discriminatoires à l'égard des femmes, les dirigeants locaux jugent la plupart des cas d'héritage en faveur des hommes, selon la pratique traditionnelle.

Groupes ethniques

Le Tchad compte plus de 200 groupes ethniques distincts qui présentent des structures sociales diverses.

L'administration coloniale et les gouvernements indépendants ont tenté d'imposer une société nationale, mais pour la plupart des tchadiens, la société locale ou régionale reste l'influence la plus importante en dehors de la famille immédiate.

Néanmoins, les peuples tchadiens peuvent être classés selon la région géographique dans laquelle ils vivent.

Dans le sud vivent des personnes sédentaires comme les Sara, le principal groupe ethnique de la nation.

Dans le Sahel, les peuples sédentaires vivent côte à côte avec des nomades, comme les Arabes, le deuxième groupe ethnique du pays.

Le nord est habité par des nomades, principalement Toubous.

Liste des groupes ethniques

27,7% Sara

12,3% Arabes

10,5% Daza

9,5% Mayo-Kebbi

9,0% Kanem-Bornou

8,7% Ouaddaï

6,7% Hadjarai

6,5% Tandjilé

4,7% Fitri-Batha

6,4% autres

0,3% inconnu

Langues

Les langues officielles du Tchad sont l'arabe et le français, mais plus de 100 langues et dialectes sont parlés.

En raison du rôle important joué par les commerçants arabes itinérants et les marchands établis dans les communautés locales, l'arabe tchadien est devenu une lingua franca.

Religion

Le Tchad est un pays religieusement diversifié.

Le recensement de 1993 a révélé que 54% des tchadiens étaient musulmans, 23% catholiques, 14% protestants, 10% animistes, tandis que 3% ne pratiquent aucune religion.

Le christianisme est arrivé au Tchad avec les missionnaires français.

Les musulmans sont largement concentrés dans le nord et l'est du Tchad, et les animistes et les chrétiens vivent principalement dans le sud du Tchad.

La Constitution prévoit un État laïc et garantit la liberté religieuse; différentes communautés religieuses coexistent généralement sans problèmes.

La majorité des musulmans dans le pays adhèrent à une branche modérée de l'Islam mystique (soufisme).

Son expression la plus courante est le Tijaniyah, un ordre suivi par les 35% des musulmans tchadiens qui intègre certains éléments religieux locaux africains.

Les catholiques romains représentent la plus grande confession chrétienne du pays.

Les membres des témoins de Jéhovah sont également présents dans le pays. La religion a été introduite après l'indépendance en 1960.

Le Tchad abrite des missionnaires étrangers représentant des groupes chrétiens et islamiques.

Des prédicateurs musulmans principalement du Soudan, de l'Arabie saoudite et du Pakistan, visitent également le pays.

Le financement de l'Arabie Saoudite soutient généralement des projets sociaux et éducatifs et une vaste construction de mosquées.

Gouvernement et politique

La constitution du Tchad prévoit une branche exécutive forte dirigée par un président qui domine le système politique.

Le président a le pouvoir de nommer le premier ministre et le cabinet et exerce une influence considérable sur les nominations de juges, de généraux, de fonctionnaires provinciaux et de chefs d'entreprises.

En cas de menace grave et immédiate, le président, en consultation avec l'Assemblée nationale, peut déclarer l'état d'urgence.

Le président est élu directement par vote populaire pour un mandat de cinq ans; en 2005, les limites des mandats constitutionnels ont été supprimées, permettant à un président de rester au pouvoir au-delà de la limite des deux mandats.

La plupart des principaux conseillers de Déby sont des membres du groupe ethnique Zaghawa, bien que des personnalités du Sud et de l'opposition soient représentées au gouvernement.

Système juridique

Le système juridique tchadien est fondé sur le droit civil français et sur le droit coutumier tchadien lorsque celui-ci n'interfère pas avec l'ordre public ou les garanties constitutionnelles d'égalité.

Malgré la garantie constitutionnelle de l'indépendance judiciaire, le président nomme les principaux responsables.

Les juridictions suprêmes du système judiciaire, la Cour suprême et le Conseil constitutionnel, sont devenues pleinement opérationnelles depuis 2000.

La Cour suprême est composée d'un juge en chef, nommé par le président, et de 15 conseillers, nommés à vie par le président et le Conseil national Assemblée.

La Cour constitutionnelle est dirigée par neuf juges élus à neuf ans.

Elle a le pouvoir d'examiner la législation, les traités et les accords internationaux avant leur adoption.

Parlement

L'Assemblée nationale fonde les lois. L'organe est composé de 155 membres élus pour des mandats de quatre ans et qui se réunissent trois fois par an.

L'Assemblée tient des sessions ordinaires deux fois par an, à partir de mars et octobre, et peut tenir des sessions spéciales sous demande du gouvernement.

Les députés élisent un président de l'Assemblée nationale tous les deux ans.

Le président doit signer ou rejeter les lois nouvellement adoptées dans les 15 jours.

L'Assemblée nationale doit approuver le plan de gouvernement du premier ministre et forcer le Premier ministre à démissionner par un vote.

Toutefois, si l'Assemblée nationale rejette le programme du pouvoir exécutif deux fois en un an, le président peut dissoudre l'Assemblée et demander de nouvelles élections législatives.

Dans la pratique, le président exerce une influence considérable sur l'Assemblée nationale par l'intermédiaire de son parti, le Mouvement patriotique du salut (MPS), qui détient une large majorité.

Les partis politiques

Jusqu'à la légalisation des partis d'opposition en 1992, le MPS de Déby était le seul parti légal au Tchad.

Depuis, 78 partis politiques enregistrés sont devenus actifs. En 2005, les partis d'opposition et les organisations de défense des droits de l'homme ont soutenu le boycott du référendum constitutionnel qui a permis à Déby de se présenter à la réélection pour un troisième mandat.

Les opposants ont jugé les élections présidentielles de 2006 comme une simple formalité.

L'opposition interne et les relations extérieures

Déby fait face une opposition armée profondément divisée.

Ces forces ont pris d'assaut la capitale le 13 avril 2006, mais ont finalement été repoussées.

La plus grande influence étrangère du Tchad est la France, qui maintient 1000 soldats dans le pays.

Déby s'appuie sur les Français pour aider à repousser les rebelles, et la France donne à l'armée tchadienne l'appui logistique et de renseignement par crainte d'un effondrement complet de la stabilité régionale.

Néanmoins, les relations franco-tchadiennes ont été aggravées par l'octroi de droits de forage pétrolier à la société américaine Exxon en 1999.

Corruption

Le Tchad est considéré comme un État en faillite par plusieurs organisations du monde.

En 2007, le Tchad a obtenu le septième score le plus élevé sur l'indice d'État défaillant.

Depuis, la tendance est à la hausse chaque année.

Le Tchad a obtenu le quatrième score le plus élevé (derrière le Soudan) sur l'indice de 2012 et, à partir de 2013, est classé cinquième.

La corruption est répandue à tous les niveaux;

L'Indice de perception de la corruption de Transparency International pour 2005 a désigné le Tchad comme le pays le plus corrompu du monde.

Le classement du Tchad sur l'indice n'a que légèrement augmenté ces dernières années.

Depuis sa première inclusion sur l'indice en 2004, le meilleur score du Tchad est de 2/10 pour 2011.

Divisions administratives

Depuis 2012, le Tchad a été divisé en 23 régions.

La subdivision du Tchad a eu lieu en 2003 dans le cadre du processus de décentralisation, lorsque le gouvernement a aboli les 14 préfectures précédentes.

Chaque région est dirigée par un gouverneur nommé par la présidence.

Les préfets administrent les 61 départements dans les régions.

Les départements sont divisés en 200 sous-préfectures, qui sont à leur tour composées de 446 cantons.

Les cantons devraient être remplacés par des communautés rurales, mais le cadre légal et réglementaire n'est pas encore achevé.

La Constitution prévoit que le gouvernement décentralisé oblige les populations locales à jouer un rôle actif dans leur propre développement.

À cette fin, la Constitution déclare que chaque subdivision administrative est régie par des assemblées locales élues.

Forces armées du Tchad

L'armée compte plus de 30 350 personnes actives et 3 000 000 sont aptes au service militaire.

Les dépenses militaires ont largement fluctué dans l'histoire récente en réponse aux conditions locales, en particulier la guerre civile de 2005-2010 et l'instabilité dans les pays voisins.

En 2009, le Tchad a dépensé 4,2% du PIB pour la défense, qui est tombé à 1,6% du PIB en 2011 avant de passer à 2,0% du PIB en 2013.

Au Tchad, la Gendarmerie Nationale sert de police nationale pour le pays.

Groupes rebelles du Tchad

Il y a eu de nombreux groupes rebelles au Tchad au cours des dernières décennies.

En 2007, un traité de paix a été signé qui a intégré les soldats du FUC dans l'armée tchadienne.

Le Mouvement pour la justice et la démocratie au Tchad s'est également affronté avec les forces gouvernementales en 2003 pour tenter de renverser le président Idriss Déby.

En outre, il ya eu divers conflits avec les rebelles Janjawid de Khartoum dans l'est du Tchad qui ont tué des civils en utilisant des hélicoptères de combat.

Actuellement, l'Union des Forces de Résistance (UFR) est un groupe rebelle qui continue à se battre avec le gouvernement du Tchad.

En 2010, l'UFR aurait une force estime à quelques 6.000 hommes et 300 véhicules.

Droits de l'homme au Tchad

Au Tchad, les actes homosexuels sont illégaux et peuvent être punis de 15 à 20 ans de prison.

En décembre 2016, le Tchad a adopté une loi criminalisant l'activité sexuelle entre hommes et femmes de même sexe par un vote.

Le Tchad a été touché par une crise humanitaire depuis 2001. En 2008, le pays accueillait plus de 280 000 réfugiés de la région du Darfour, plus de 55 000 de la République centrafricaine et plus de 170 000 personnes déplacées à l'intérieur.

Économie

L'Indice de développement humain des Nations Unies classe le Tchad comme le septième pays le plus pauvre du monde, avec 80% de la population vivant en dessous du seuil de pauvreté.

Le PIB (parité de pouvoir d'achat) par habitant a été estimé à 1 651 dollars américains en 2009.

Le Tchad fait partie de la Banque des États de l'Afrique centrale (BEAC), de l'Union douanière et économique de l'Afrique centrale (UDEAC) et de l'Organisation pour l'harmonisation du droit des affaires en Afrique (OHADA).

La monnaie du Tchad est le franc CFA. Dans les années 1960, l'industrie minière du Tchad a produit du carbonate de sodium, ou natron.

On a également rapporté des quartz aurifères dans la préfecture de Biltine. Cependant, des années de guerre civile ont effrayé les investisseurs étrangers qui ont quitté le Tchad entre 1979 et 1982 et n'ont que récemment commencé à reprendre confiance dans l'avenir du pays.

En 2000, d'importants investissements directs étrangers dans le secteur pétrolier ont commencé, stimulant les perspectives économiques du pays.

Plus de 80% de la population du Tchad dépend de l'agriculture de subsistance et de l'élevage pour sa subsistance.

Les cultures et l'emplacement des troupeaux sont déterminés par le climat local.

Dans la partie la plus méridionale du territoire se trouve la terre agricole la plus fertile de la nation, avec de riches rendements de sorgho et de mil.

Au Sahel, seules les variétés plus dures de millet poussent, et celles-ci avec des rendements beaucoup plus faibles que dans le sud.

D'autre part, le Sahel est un pâturage idéal pour les grands troupeaux de bovins commerciaux et pour les chèvres, les moutons, les ânes et les chevaux.

Les oasis disséminées du Sahara soutiennent seulement quelques dates et légumineuses.

Les villes du Tchad sont confrontées à de sérieuses difficultés d'infrastructures municipales; seulement 48% des citadins ont accès à l'eau potable et seulement 2% à l'assainissement de base.

Avant le développement de l'industrie pétrolière, l'industrie dominée par le coton et le marché du travail représentaient environ 80% des recettes d'exportation.

Le coton reste une exportation primaire, bien que les chiffres exacts ne soient pas disponibles.

La France, les Pays-Bas, l'Union européenne et la Banque internationale pour la reconstruction et le développement (BIRD) ont financé la réhabilitation de Cotontchad, importante filière cotonnière affaiblie par la baisse des prix mondiaux du coton.

La société paraétatique devrait maintenant être privatisée. Outre le coton, le bétail et la gomme arabique sont dominants.

Si le Tchad peut maintenir un semblant de stabilité, les investissements étrangers finiront par revenir, mais même plusieurs années après le dernier coup d'Etat qui a porté le président Idris Deby au pouvoir, les investisseurs se méfient encore d'investir au Tchad.

Infrastructure

Transport

La guerre civile a paralysé le développement des infrastructures de transport; en 1987, le Tchad ne disposait que de 30 kilomètres de routes pavées.

Les projets successifs de réhabilitation des routes ont amélioré le réseau de 550 kilomètres.

Néanmoins, le réseau routier est limité; les routes sont souvent inutilisables pendant plusieurs mois de l'année.

N'ayant pas de chemins de fer, le Tchad dépend fortement du système ferroviaire camerounais pour le transport des exportations et importations.

L'aéroport international de N'Djamena organise des vols réguliers vers Paris et plusieurs villes africaines.

Transport ferroviaire au Tchad

Au début du XXe siècle, un réseau ferroviaire se développait près du lac Tchad. Au XXIe siècle, le Tchad et la Chine ont signé un contrat de 7 milliards de dollars pour construire des infrastructures ferroviaires supplémentaires.

Actuellement, il existe des liaisons ferroviaires avec la Libye et le Soudan.

Le secteur énergétique du Tchad

Le secteur énergétique du Tchad a connu des années de mauvaise gestion par la société de l'eau et de l'électricité du Tchad.

ExxonMobil a investi 3,7 milliards de dollars pour développer des réserves de pétrole estimées à un milliard de barils dans le sud du Tchad.

La production de pétrole a commencé en 2003 avec l'achèvement d'un pipeline (financé en partie par la Banque mondiale) qui relie les champs pétroliers du sud aux terminaux sur la côte atlantique du Cameroun.

Comme condition de son assistance, la Banque mondiale a insisté pour que 80% des recettes pétrolières soient consacrées à des projets de développement.

En janvier 2006, la Banque mondiale a suspendu son programme de prêts lorsque le gouvernement tchadien a adopté des lois réduisant ce montant.

Le 14 juillet 2006, la Banque mondiale et le Tchad ont signé un mémorandum d'accord selon lequel le Gouvernement du Tchad consacrerait 70% de ses dépenses à des programmes prioritaires de réduction de la pauvreté.

Télécommunications

Le système de télécommunication est fourni par la compagnie nationale.

Seulement 14 000 lignes téléphoniques fixes desservent tout le Tchad, l'un des taux de densité téléphonique les plus bas au monde.

En septembre 2013, le Ministère des postes et des technologies de l'information et de la communication du Tchad a annoncé que le pays chercherait un partenaire pour la technologie de la fibre optique.

Téléphones portables

En septembre 2010, le taux de pénétration a été estimé à 24,3% sur une population de 10,7 millions de personnes.

Le Tchad occupe la dernière place dans l'indice de du réseau, un indicateur pour déterminer le niveau de développement des technologies d'information et de communication d'un pays.

Le Tchad s'est classé au 148ème rang sur 148 dans le classement de 2014, contre 142 en 2013.

Médias du Tchad

L'audience télévisée du Tchad est limitée à N'Djamena. La seule chaîne de télévision est la Télé Tchad.

La radio a une portée beaucoup plus grande, avec 13 stations de radio privées.

Les journaux sont limités en quantité et en distribution et les chiffres de circulation sont faibles en raison des coûts de transport, des faibles taux d'alphabétisation et de la pauvreté.

Alors que la Constitution défend la liberté d'expression, le gouvernement a régulièrement restreint ce droit.

Éducation

Les éducateurs font face à des défis considérables en raison de la population dispersée du pays et d'une certaine réticence de la part des parents à envoyer leurs enfants à l'école.

Bien que la fréquentation soit obligatoire, seuls 68% des garçons fréquentent l'école primaire et plus de la moitié de la population est analphabète.

L'enseignement supérieur est dispensé à l'Université de N'Djamena.

Avec 33%, le Tchad a l'un des taux d'alphabétisation les plus faibles de l'Afrique subsaharienne.

Cela peut aussi être lié à la question du travail des enfants, puisque 53% des enfants de 5 à 14 ans travaillent.

L'élevage du bétail est aussi une activité agricole majeure qui emploie des enfants mineurs.

Culture

En raison de sa grande variété de peuples et de langues, le Tchad possède un riche patrimoine culturel.

Le gouvernement tchadien a activement promu la culture tchadienne et les traditions nationales en ouvrant le Musée national du Tchad et le Centre culturel tchadien.

Six jours fériés nationaux sont observés tout au long de l'année, et les vacances incluent la fête chrétienne du lundi de Pâques et les fêtes musulmanes d'Eid ul-Fitr, d'Eid ul-Adha et d'Eid Milad Nnabi.

Musique

La musique du Tchad comprend un certain nombre d'instruments inhabituels tels que le kinde, le kakaki, et l'hu hu.

D'autres instruments et leurs combinaisons sont plus liés à des groupes ethniques spécifiques: les Sara préfèrent les sifflets et les tambours et les

Kanembou combinent les sons des tambours avec ceux de la flûte.

Le groupe de musique Chari Jazz s'est formé en 1964 et a initié la scène musicale moderne tchadienne.

Des groupes populaires tels que Tibesti se sont accrochés plus vite à leur héritage en s'inspirant du Sai, un style traditionnel de musique du sud du Tchad.

Le peuple du Tchad a habituellement dédaigné la musique moderne. Cependant, en 1995, un plus grand intérêt s'est manifesté et a favorisé la distribution de CD et de cassettes audio mettant en vedette des artistes tchadiens.

MC Solaar de son vrai nom Claude M'Barali est sans aucun doute le chanteur tchadien le plus connu en Afrique et dans le monde.

La piraterie et le manque de protection juridique des droits des artistes restent des problèmes pour le développement de l'industrie musicale tchadienne.

Cuisine tchadienne

Le mil est l'aliment de base au Tchad. Il est utilisé pour faire des boules de pâte trempées dans la sauce. Au nord ce plat est connu sous le nom d'aliche et au sud biya.

Le poisson est populaire, généralement préparé et vendu comme salanga (légèrement fumés et séchés au soleil) ou comme banda (grand poisson fumé).

Carcadje est un populaire thé rouge sucré extrait de feuilles d'hibiscus.

Les boissons alcoolisées, bien qu'absent dans le nord, sont populaires dans le sud, où les gens boivent de la bière billi-billi brassée de millet rouge et blanc.

Littérature

Comme dans d'autres pays sahéliens, la littérature au Tchad a connu une sécheresse économique, politique et spirituelle qui a touché ses écrivains les plus connus.

Les auteurs tchadiens ont été obligés d'écrire à partir de l'exil ou du statut d'expatrié et ont généré la littérature dominée par des thèmes d'oppression politique et de discours historique.

Industrie cinématographique tchadienne

Le développement d'une industrie cinématographique tchadienne a été entravé par les dévastations de la guerre civile et par l'absence de cinémas, dont il n'existe qu'une dans tout le pays.

Le premier long métrage tchadien, a été réalisé en 1999 par Mahamat Saleh Haroun. Ses films ont remporté le Grand prix spécial du jury lors du 63e Festival international du film de Venise et le Prix du Jury au Festival de Cannes 2010.

Sport au Tchad

Le football est le sport le plus populaire au Tchad. L'équipe nationale est suivie de près lors des compétitions internationales et les footballeurs tchadiens ont joué pour les équipes françaises.

Le basket-ball et la lutte libre sont largement pratiqués, ces derniers dans une forme où les lutteurs se couvrent de peaux d'animaux traditionnels et de poussière.

www.ingramcontent.com/pod-product-compliance
Lightning Source LLC
Chambersburg PA
CBHW050140170426
43197CB00011B/1902